Dieses Buch ist Teil der Werke L. Ron Hubbards, der die Dianetik Technologie entwickelt hat. Es wird dem Leser als L. Ron Hubbards Ideen und Äußerungen hinsichtlich seiner Beobachtungen und Forschung auf dem Gebiet des menschlichen Verstandes und Geistes vorgestellt, und nicht als eine vom Autor oder Verleger gemachte Aussage von Ansprüchen. Der Nutzen und die Ziele der Dianetik Technologie können nur durch die hingebungsvollen Bemühungen des Lesers erreicht werden.

Von diesem Material wird nicht behauptet, dass es eine physische Heilung für den Körper bietet, noch wird irgendein Anspruch dieses Inhalts erhoben. Es werden keine medizinischen Empfehlungen gemacht oder Ansprüche erhoben, noch wird davon abgeraten, kompetente medizinische Aufmerksamkeit zu ersuchen, wo dies für irgendeine Verletzung, Krankheit oder körperliche Beschwerde notwendig ist. Der Autor und der Verleger geben keinerlei Garantie ab, ausdrücklich oder impliziert, was den Inhalt dieses Buches betrifft.

Der Leser trägt entsprechend die volle Verantwortung für den Gebrauch der in diesem Buch enthaltenen Materialien.

Wir hoffen, dass das Lesen dieses Buches nur der erste Schritt einer persönlichen Entdeckungsreise in die neuen und vitalen Techniken der Dianetik ist.

Hubbard Dianetik Stiftung International

Dieses Buch gehört:

____

DIANETIK

DIE ENTWICKLUNG EINER WISSENSCHAFT

Erika Kern
Hoyerswerda

DIANETIK

DIE ENTWICKLUNG EINER WISSENSCHAFT

L. RON HUBBARD

new·era®
Publications International ApS

Eine
Hubbard®
Veröffentlichung

Veröffentlicht von
NEW ERA PUBLICATIONS DEUTSCHLAND GmbH
Hittfelder Kirchweg 5A
21220 Seevetal-Maschen

ISBN 3-929284-34-0

Mit der Erlaubnis von:
NEW ERA PUBLICATIONS INTERNATIONAL ApS
Store Kongensgade 53
1264 Kopenhagen K, Dänemark

Gedruckt von In Print S.p.A., Italien.

Umwelthinweis:
Dieses Buch wurde auf umweltfreundlichem Recyclingpapier gedruckt.

DIANETIK:

Dianetik bedeutet „durch den Verstand" oder „durch die Seele" (aus dem griechischen *dia* „durch" und *nous,* „Verstand" oder „Seele"). Es handelt sich um ein System geordneter Axiome, das Probleme löst, die das menschliche Verhalten und psychosomatische Krankheiten betreffen. Sie vereinigt in sich eine funktionierende Technik und eine gründlich validierte Methode zur Steigerung der Vernunft, indem unerwünschte Empfindungen und unangenehme Emotionen ausgelöscht werden.

Wichtiger Hinweis

Achten Sie beim Lesen dieses Buches sehr sorgfältig darauf, dass Sie niemals über ein Wort hinweggehen, das Sie nicht vollständig verstehen.

Der einzige Grund, warum jemand ein Studium aufgibt, verwirrt oder lernunfähig wird, liegt darin, dass er über ein nicht verstandenes Wort hinweggegangen ist.

Die Verwirrung oder die Unfähigkeit, etwas zu begreifen oder zu lernen, entsteht NACH einem Wort, das man nicht definiert und verstanden hat.

Haben Sie je die Erfahrung gemacht, an das Ende einer Seite gelangt zu sein und zu bemerken, dass Sie nicht wissen, was Sie gelesen haben? Nun – irgendwo vorher auf dieser Seite haben Sie ein Wort übergangen, für das Sie keine Definition oder eine unrichtige Definition hatten.

Hier ist ein Beispiel: „Da im Radio gemeldet wurde, dass die *Före* heute ausgezeichnet sei, machten sich Zehntausende in ihren Autos auf, um diese lang erwartete Gelegenheit zu nutzen.“ Sie sehen, was passiert. Sie glauben, den ganzen Gedanken nicht zu verstehen, aber die Unfähigkeit zu verstehen stammt ausschließlich von dem einen Wort her, das Sie nicht definieren konnten, nämlich *Före,* was die Eignung des Schnees zum Skisport bedeutet.

Es mögen nicht nur die neuen und ungewöhnlichen Wörter sein, die Sie nachsehen müssen. Auch bei ganz gebräuchlichen Wörtern kann es häufig vorkommen, dass man eine falsche Definition dafür hat und sie daher Verwirrung stiften.

Diese Information, dass man über ein undefiniertes Wort nicht hinweggehen sollte, ist die wichtigste Tatsache auf dem ganzen Gebiet des Studierens. Jedes Fachgebiet, dessen Studium Sie angefangen und dann aufgegeben haben, enthielt Wörter, für die Sie keine Definition hatten.

Achten Sie also beim Studieren dieses Buches sehr, sehr sorgfältig darauf, dass Sie niemals über ein Wort hinweggehen, das Sie nicht vollständig verstehen. Wenn der Stoff verwirrend wird oder Sie ihn anscheinend nicht begreifen können, wird es kurz davor ein Wort geben, das Sie nicht verstanden haben. Gehen Sie nicht weiter, sondern gehen Sie VOR den Punkt zurück, wo Sie in Schwierigkeiten gerieten, finden Sie das missverstandene Wort und sehen Sie zu, dass Sie seine Definition bekommen.

FUSSNOTEN UND DEFINITIONEN

UM IHNEN BEIM VERSTEHEN DES Materials in diesem Buch zu helfen, sind Wörter, die leicht missverstanden werden könnten, beim ersten Auftreten im Text mit Fußnoten gekennzeichnet. Jedes so definierte Wort hat rechts neben sich eine kleine Ziffer; am Ende der Seite neben der entsprechenden Ziffer erscheint die Definition.

Wörter haben manchmal mehrere Bedeutungen, doch nur die im Text verwendete Bedeutung des Wortes wird als Fußnote aufgeführt. Weitere Definitionen des Wortes sind in einem Wörterbuch enthalten.

Außerdem wird hinten im Buch ein Glossar zur Verfügung gestellt. Es enthält alle in den Fußnoten aufgeführten Definitionen sowie auch andere Ausdrücke, die im Text vorkommen. Neben jeder Glossar-Definition steht, in welchem Kapitel sie erscheint, und je nachdem die Nummer der Fußnote, sodass Sie darauf Bezug nehmen können.

INHALTSVERZEICHNIS

Einführung

D*ianetik: Die Entwicklung einer Wissenschaft* war L. Ron Hubbards erste wesentliche Veröffentlichung, in der er seine Durchbrüche beschrieb, mit denen das Gebiet des menschlichen Verstands erschlossen wurde.

Das Buch enthält eine Zusammenfassung und Übersicht seiner jahrzehntelangen Forschung über den Menschen und das Leben. Es legt die Abfolge der Entdeckungen, Entwicklung, Anwendung und Ergebnisse dar, die allesamt das ergaben, was zur ersten praktischen und wirksamen Technologie des Menschen über den Verstand werden sollte.

Noch vor der Veröffentlichung dieses Werkes verbreiteten sich die Nachrichten über L. Ron Hubbards Durchbrüche wie ein Lauffeuer. Eine unveröffentlichte These, die seine Untersuchungsergebnisse beschrieb, war 1948 in weiten Kreisen in Umlauf gebracht worden. Bis Anfang 1950 hatte sie auf nationaler Ebene großen Zulauf gefunden. Die Verlautbarung des berühmten Kolumnisten Walter Winchell charakterisierte diese wachsende Begeisterung treffend: „Im April wird etwas völlig Neues auf den Markt kommen. Es heißt Dianetik: eine neue Wissenschaft auf dem Gebiet des menschlichen Verstands, die genauso exakt funktioniert wie die Naturwissenschaften. Es gibt Anhaltspunkte dafür, dass dieses Werk für die Menschheit ebenso revolutionär sein wird wie die Entdeckung und Nutzung des Feuers durch die Steinzeitmenschen."

Dianetik: Die Entwicklung einer Wissenschaft wurde sehr erwartet. Es wurde zuerst als ein Artikel von Buchlänge in einer nationalen amerikanischen Zeitschrift veröffenticht. Innerhalb weniger Tage war die Ausgabe vergriffen und löste eine Lawine von über 2.000 Leserbriefen in den ersten zwei Wochen aus. Das war der Wegbereiter für L. Ron Hubbards maßgebliches Handbuch über das Gebiet: *Dianetik: Der Leitfaden für den menschlichen Verstand.* Als es im nächsten Monat veröffentlicht wurde, stieg es sofort unaufhaltsam zu einem nationalen Bestseller auf.

Mit dem Eintritt ins einundzwanzigste Jahrhundert wurde die Dianetik zu einem weltweiten Phänomen. Menschen aller Schichten und Berufe wandten sie in über 50 Sprachen und 150 Ländern an.

Die folgenden Seiten enthalten das bemerkenswerte Werk, mit dem alles begann – L. Ron Hubbards eigene Wiedergabe der Entwicklung und Ausübung der Dianetik. Hier steht, wie alles begann, *wie* es funktioniert und *warum* es funktioniert.

– Die Herausgeber

Kapitel Eins

Ihr geistiges Potenzial

Kapitel Eins

Ihr geistiges Potenzial

Der optimale Computer ist ein Thema, mit dem sich schon viele von uns eingehend beschäftigt haben. Wenn Sie einen solchen bauen würden, wie würden Sie ihn entwerfen?

Erstens: Der Computer müsste mit vollkommener Genauigkeit zu jedem Problem im Universum Berechnungen anstellen und Antworten liefern können, die immer und ausnahmslos richtig sind.

Zweitens: Der Computer müsste sehr schnell sein; er müsste viel rascher arbeiten, als das Problem und der Rechenvorgang mündlich ausgesprochen werden könnten.

Drittens: Der Computer müsste imstande sein, eine große Anzahl von Variablen und eine große Anzahl von Problemen gleichzeitig zu behandeln.

Viertens: Der Computer müsste seine eigenen Daten auswerten können, und es müssten ihm nicht nur die Aufzeichnungen seiner früheren Schlussfolgerungen verfügbar bleiben, sondern auch die Auswertungen, die zu diesen Schlussfolgerungen führten.

Fünftens: Der Computer müsste mit einer Gedächtnisbank[1] von nahezu unendlicher Speicherkapazität ausgerüstet sein, in der er Beobachtungsdaten und versuchsweise

1. **Bank:** eine Speicherung von Informationen, wie in einem Computer, wo Daten früher auf einer Gruppe bzw. Reihe von Karten, genannt „Bank“ gespeichert wurden.

Schlussfolgerungen speichern könnte, die zukünftigen Berechnungen dienen könnten. Die Daten in der Speicherbank müssten dem analytischen Teil des Computers innerhalb kleinster Bruchteile von Sekunden zur Verfügung stehen.

Sechstens: Der Computer müsste imstande sein, im Lichte neuer Erfahrungen frühere Schlussfolgerungen neu zu ordnen oder abzuändern.

Siebtens: Der Computer würde keinen von außen einwirkenden Programmierer benötigen, sondern wäre vollständig in seiner Programmierung selbstbestimmt; nur durch die Einschätzung der Notwendigkeit einer Lösung gesteuert, die er selbst vornehmen würde.

Achtens: Der Computer sollte seine eigene Wartung und seinen Schutz vor gegenwärtigen und zukünftigen Beschädigungen selbst übernehmen und würde künftige Beschädigungen abschätzen können.

Neuntens: Der Computer sollte Wahrnehmungsfähigkeiten haben, mit deren Hilfe er den Grad an Notwendigkeit bestimmen könnte. Seine Ausrüstung sollte Mittel einschließen, um mit allen wünschenswerten Eigenschaften der endlichen Welt in Berührung zu kommen. Das würde bedeuten, dass er über farbige Sichtwahrnehmungen[2], Wahrnehmungen von Klängen und Tönen, Wahrnehmungen von Gerüchen, Tastempfindungen[3] und auch Wahrnehmungen von sich selbst verfügen würde – denn ohne Wahrnehmung von sich selbst könnte er seine eigene Wartung nicht richtig durchführen.

Zehntens: Die Gedächtnisbank sollte die Wahrnehmungen so speichern, wie sie empfangen werden – in ihrer zeitlichen Abfolge, zusammen mit dem Zeitpunkt, als sie

2. **Sichtwahrnehmung:** der Sehsinn.
3. **Tastempfindung:** der Berührungssinn.

empfangen wurden; und die zeitlichen Abstände zwischen den einzelnen Wahrnehmungen sollten möglichst klein sein. Sie würde also farbige Bilder (samt der Bewegung darin), Klänge und Töne (in ihrem Fließen), Gerüche, Tastempfindungen und Wahrnehmungen von sich selbst speichern – zusammen mit all ihren Wechselbeziehungen.

Elftens: Im Hinblick auf Lösungen sollte der Computer imstande sein, neue Situationen zu erschaffen und sich neue Wahrnehmungen, die er noch nie empfangen hat, vorzustellen. Er sollte sich diese Wahrnehmungen in Form von Klängen und Tönen, farbigen Bildern, Gerüchen, Tastempfindungen und Wahrnehmungen von sich selbst vorstellen können und alles auf diese Weise Vorgestellte als Erinnerungen archivieren können, die mit dem Etikett „vorgestellt" gekennzeichnet sind.

Zwölftens: Seine Gedächtnisbanken sollten sich durch Einsichtnahme nicht erschöpfen, sondern sollten der zentralen Wahrnehmungsstelle des Computers verzerrungsfreie, perfekte Kopien sämtlicher Einzelheiten in den Banken liefern, in farbigen Bildern, in Klängen und Tönen, Gerüchen, Tast- und Organempfindungen.

Dreizehntens: Die ganze Maschine sollte tragbar sein.

Es gibt noch andere wünschenswerte Eigenschaften. Die oben aufgeführten genügen jedoch für den Augenblick.

Die Vorstellung, dass es einen solchen Computer geben könnte, mag zunächst etwas überraschend sein. Diese Maschine existiert jedoch tatsächlich. Es sind heute Milliarden Exemplare davon in Gebrauch, und viele weitere Milliarden wurden in der Vergangenheit hergestellt und benutzt.

Tatsächlich besitzen auch Sie einen. Denn es geht hier um den menschlichen Verstand.

Das Obige ist eine allgemeine Darstellung des optimalen Gehirns. Im Grunde arbeitet das optimale Gehirn genau so, wie es hier beschrieben wurde, abgesehen von der Tatsache, dass es nicht immer dazu in der Lage ist, jedes Problem im Universum zu lösen. Es sollte über die Fähigkeit verfügen, sich an farbige Sichtwahrnehmungen (samt der Bewegung darin), an Klänge und Töne (in ihrem Fließen), an Gerüche, an Tast- und Organempfindungen zu erinnern. Und es sollte die Fähigkeit besitzen, sich farbige Bilder (samt der Bewegung darin), Klänge und Töne (in ihrem Fließen), Geräusche, Tast- und Organempfindungen vorzustellen, und es sollte sich auch diese Vorstellungen später wieder ins Gedächtnis zurückrufen können, wie jede andere Erinnerung. Weiterhin sollte es zwischen Wirklichkeit und Vorstellung genau unterscheiden können. Es sollte sich an alle Wahrnehmungen – sogar die belanglosen – aus dem Schlaf- oder Wachzustand, vom Lebensanfang bis zum Tode, erinnern können. Das ist das optimale Gehirn – das und noch viel, viel mehr. Es sollte mit einer solchen Schnelligkeit denken, dass seine Berechnungen viele tausend Mal schneller abliefen, als sie je in Worten ausgedrückt werden könnten. Und es sollte, modifiziert durch Standpunkt und Erziehungsdaten, *immer* Recht haben und *niemals* falsche Antworten liefern.

Das ist das Gehirn, das Ihnen potenziell gehört. Das ist das Gehirn, das für Sie wiederhergestellt werden kann, sofern man Ihnen nicht einen Teil davon entfernt hat. Wenn es die genannten Dinge nicht leistet, ist es ein wenig falsch eingestellt.

Es hat sehr lange gedauert herauszufinden, dass dies ein optimales Gehirn ist. Anfangs wurde nicht erkannt, dass manche Menschen sich beispielsweise an farbige Sichtwahrnehmungen samt der Bewegung darin erinnern können, andere dagegen nicht. Ich hatte keine Ahnung dass viele Menschen sich etwas in Klängen und Tönen usw. vorstellten und wussten, dass es Vorstellungen waren; und ich wäre überrascht gewesen, wenn mir jemand gesagt hätte, dass es Leute gibt, die die letzte Weihnachtsgans riechen und schmecken können, wenn sie sich daran erinnern.

Im Jahre 1938, als die Forschungen, die in der *Dianetik* (von griech. *dia* – „durch" und *nous* – „Verstand oder Seele") gipfelten, ernsthaft begonnen wurden, wurde das menschliche Gehirn noch nicht so hoch eingeschätzt. Das Projekt wurde eigentlich nicht gestartet, um die Funktion des Gehirns zu erforschen und seine optimale Tätigkeit wiederherzustellen, sondern um den Schlüssel zum menschlichen Verhalten und die grundlegende Gesetzmäßigkeit herauszufinden, mit der man alles Wissen in eine klare, geordnete Form bringen könnte.

KAPITEL ZWEI

WIE SICH DAS LEBEN VERHÄLT

KAPITEL ZWEI

WIE SICH DAS LEBEN VERHÄLT

DIE BERECHTIGUNG ZUM BETRETEN dieses Gebietes verschaffte mir ein nachforschendes Hirn, ausgebildet in der Mathematik und den Ingenieurwissenschaften und ausgestattet mit einer Gedächtnisbank voller Fragen und ausgedehnter Beobachtungen.

Die Grundthese war, dass der menschliche Verstand ein Problem der Ingenieurwissenschaften sei und dass sich alles Wissen schließlich herausfinden ließe, wenn man mit dem Ansatz der Ingenieurwissenschaften an die Sache heranginge.

Und eine weitere Grundannahme wurde aufgestellt:

Alle Antworten sind im Grunde einfach.

Wie sie heute dasteht, ist die Wissenschaft Dianetik mit ihren Ergebnissen – die ebenso beweisbar sind wie die Aussage, dass Wasser bei einem Luftdruck von 1 Bar und einer Temperatur von 100 Grad Celsius kocht – eine Ingenieurwissenschaft, die heuristisch[1] auf Axiome[2] aufgebaut ist. Sie funktioniert. Das ist der einzige Anspruch, der von der Dianetik oder der Chemie erhoben wird. Es

1. **heuristisch:** unter Verwendung von Versuchen, Auswertung oder Trial-and-Error-Methoden.
2. **Axiom:** eine selbstverständliche Wahrheit, die keines Beweises bedarf.

„... als die Fragen über das Universum in seiner Gesamtheit formuliert wurden, gab es die Vorstellung des optimalen Gehirns noch nicht."

kann sein, dass die Daten und Lehrsätze in ihnen nicht wahr sind. Aber die Dianetik und die Chemie funktionieren, und in der endlichen Welt funktionieren sie ausnahmslos.

Am Anfang, als das Problem immer wieder durchdacht wurde und die Fragen über das Universum in seiner Gesamtheit formuliert wurden, gab es die Vorstellung des optimalen Gehirns noch nicht. Die Aufmerksamkeit war gänzlich auf das *normale* Gehirn gerichtet. Das *normale* Gehirn wurde als das optimale Gehirn angesehen. Als schließlich das Problem des Gehirns selbst in Angriff genommen wurde, wurde versucht, Resultate zu erzielen, die mit den geistigen Fähigkeiten der normalen Menschen vergleichbar wären. Es kam vor, dass der Verstand aberriert[3] wurde. Wenn man den Verstand wiederherstellte, wäre er wieder normal.

Tatsächlich war es anfangs nicht einmal sicher, dass man den Verstand wiederherstellen konnte. Es wurde lediglich nach einer Antwort auf das Dasein und nach den Gründen gesucht, warum der Verstand aberriert wurde.

In einem Leben, in dem ich viel herumgekommen war, hatte ich viele merkwürdige Dinge beobachtet: den Medizinmann des Goldi-Volkes in der Mandschurei, die Schamanen[4] von Nord-Borneo, die Medizinmänner der Sioux, die Kulte von Los Angeles und die moderne Psychologie. Unter den Leuten, die ich über das Dasein

3. **aberriert:** von *Aberration* betroffen: Abweichung vom vernünftigen Denken oder Verhalten; geistig nicht gesund. Vom lateinischen *aberrare,* wegwandern; lateinisch *ab,* weg, *errare,* wandern.

4. **Schamane:** ein Priester, von dem es heißt, dass er als Vermittler zwischen natürlichen und übernatürlichen Welten fungiert und Magie verwendet, um Gebrechen zu heilen, die Zukunft vorherzusagen und geistige Kräfte zu kontaktieren und zu kontrollieren.

befragte, befanden sich ein Magier, dessen Ahnen am Hofe Kublai Khans gedient hatten, und ein Hindu, der Katzen hypnotisieren konnte. Ich untersuchte den Mystizismus ein wenig und studierte Daten von der Mythologie bis zum Spiritismus – Krimskrams, endloser Krimskrams.

Wo hätten Sie angesetzt, wenn Sie diese Wissenschaft aufgebaut hätten? Hier konnte man bei seiner Arbeit auf all die verschiedenen Kulte, Glaubensbekenntnisse und Praktiken einer ganzen Welt zurückgreifen. Die Anzahl der Fakten, die es hier gab, lässt 10^{21} Bits[5] als wenig erscheinen. Wenn Sie aufgerufen wären, eine solche Wissenschaft zu entwickeln und eine funktionierende Antwort hervorzubringen – was hätten Sie angenommen, beobachten wollen oder berechnet?

Jeder und alles schien ein kleines Stückchen der Antwort zu besitzen. Die Kulte aller Zeitalter auf der ganzen Welt scheinen jeder ein Bruchstück der Wahrheit zu enthalten. Wie können wir nun die Bruchstücke sammeln und zusammensetzen? Oder geben wir diese fast unmögliche Aufgabe auf und fangen an, unsere eigenen Antworten zu postulieren[6]?

Nun, dies ist die Entstehungsgeschichte der Dianetik. Zumindest war dies die Art, wie an das Problem herangegangen

---

5. **10^{21} Bits:** (engl. *Bin*ary dig*its*, binäre Ziffern). *Binär* kommt vom lateinischen Wort, das *zwei auf einmal* bedeutet. *Binary digits* beziehen sich auf ein Zahlensystem, das bei Computern verwendet wird und bei dem nur zwei Zahlen (Ziffern) benutzt werden, 0 und 1. Der Ausdruck *10^{21} Bits* bezieht sich auf eine große Menge an Nullen und Einsen (1.000.000.000.000.000.000.000 von diesen), die, eine nach der anderen, aneinander gereiht werden und eine riesige Zahl bilden.

6. **postulieren:** als wahr, real oder notwendig voraussetzend, vor allem als Grundlage zu Schlussfolgerungen.

wurde. Die Dianetik funktioniert – das ist das, was ein Ingenieur verlangt. Und sie funktioniert immer – das ist das, was die Natur vom Ingenieur verlangt.

Zuerst wurde versucht herauszufinden, welche Schule oder welches System brauchbar war. Freud hat dies gelegentlich gemacht. Ebenso die chinesische Akupunktur, magische Heilkristalle in Australien und Wunderschreine in Südamerika, Glaubensheilung, Wudu, Narkosynthese[7] ... und verstehen Sie mich hier richtig, es ist überhaupt nicht nötig, irgendwelchen mystischen Hokuspokus anzuwenden. Ein Ingenieur muss Dinge haben, die er messen kann. Später wird das Wort *Dämon* verwendet. Wir verwenden es, weil Sokrates einen Dämon so gut beschrieben hat. In der Dianetik wird dieser Begriff als beschreibender Jargonausdruck gebraucht, ähnlich wie es Clerk Maxwell[8] tat. Wilde, einer Messung unzugängliche Vermutungen oder Meinungen waren hingegen nicht erwünscht. Stützt sich ein Ingenieur nur auf so etwas, dann zerbrechen Brücken, Gebäude stürzen ein, Dynamos[9] halten an, und die Zivilisation bricht zusammen.

Wenn man ein dynamisches[10] Prinzip des Daseins finden will, ist es als Erstes notwendig, herauszufinden, was man überhaupt über das Dasein wissen will. Es ist nicht nötig, erst lange mit den Göttern herumzuwerkeln, um

---

7. **Narkosynthese:** Drogenhypnose, wobei ein Patient der Psychotherapie unterzogen wird, während er sich unter Drogen und im „Tiefschlaf" befindet.
8. **Maxwell, Clerk:** James Clerk Maxwell (1831–1879), schottischer Physiker, der, um gewisse Phänomene des physikalischen Universums zu erklären, ein hypothetisches Geschöpf (einen Dämon) erfand, von dem er sagte, dass es die Bewegung von einzelnen Gasmolekülen kontrolliert und verursacht, dass sie, wie er beobachtet habe, auf bestimmte Weise reagierten.
9. **Dynamo:** eine Maschine, die Elektrizität erzeugt.
10. **dynamisch:** aktiv, energisch, effektiv, kräftig, motivierend, im Gegensatz zu einem Statik.

festzustellen, dass man damit trotz aller Heiligkeit stets in eine völlige Sackgasse gerät. Und eine ingenieurwissenschaftliche Untersuchung des Mystizismus zeigt, dass der Mystizismus im Wesentlichen Dinge umfasst, von denen er nicht hoffen kann, sie genau zu formulieren.

Der erste Versuch, an das Problem heranzugehen, sah etwa folgendermaßen aus: Wir wollen herausfinden, was wir alles nicht berücksichtigen können oder müssen, um eine brauchbare Antwort zu erhalten. Einige Untersuchungen schienen zu zeigen, dass die genaue Identität des unbewegten Bewegers[11] für die Berechnung nicht notwendig war. Der Mensch ist seit Jahrtausenden davon überzeugt, dass ein solches Wesen diese ganze Sache ins Rollen gebracht hat; es würde also nicht viel bringen, sich darüber zu streiten. Gehen wir also auf eine Ebene, die direkt unterhalb des unbewegten Bewegers liegt.

Schauen wir uns an, was sonst noch in die Kategorie der Daten fällt, die für unsere Überlegungen nicht nötig sind. Nun, wir haben Telepathie, Dämonen, den indischen Seiltrick[12] und die menschliche Seele untersucht und noch immer keine festen Größen in dieser Klasse von Daten gefunden. Also ziehen wir eine Linie unterhalb dieser Dinge, die unsere Obergrenze für die notwendige Information bildet, und nennen sie fortan unsere höchste Linie.

11. **unbewegter Beweger:** gemäß der Philosophie von Aristoteles (384–322 v.Chr.), die erste Ursache aller Bewegung im Universum, die selbst unbeweglich ist. Es hieß, dass der unbewegte Beweger ewig, nicht materiell und unveränderlich sei, und Aristoteles betrachtete den unbewegten Beweger als göttlichen Gedanken, Verstand oder Gott.

12. **indischer Seiltrick:** ein magischer Trick, bei dem der Zauberer ein Seil in der Luft hängen lässt, auf dem eine Person dann hochklettert und scheinbar verschwindet.

Was bleibt dann noch übrig? Es bleibt die endliche Welt – dunkelblaue Anzüge, das Salinas Valley, die Kathedrale zu Reims als ein Gebäude, ein paar verfallene Weltreiche und Rostbraten zum Abendessen. Wir haben nur das übrig gelassen, was wir wahrnehmen können, ohne uns auf eine höhere Ebene der Abstraktion zu begeben.

Also, wie nehmen wir wahr, auf welcher Grundlage und mit welchen Mitteln? Daraufhin verbrachte ich eine Menge Zeit – das ganze Jahr 1937 – damit, das Gehirn als einen elektronischen Rechner zu berechnen. Die Berechnung musste erfassen, welche Mathematik seiner Funktionsweise wahrscheinlich zugrunde liegt, und gleichzeitig musste sie mit der Unmöglichkeit fertig werden, dass eine solche Struktur zu solchen Dingen fähig ist. Lassen Sie uns dann die Notwendigkeit ausschließen, die Struktur zu kennen, und verwenden wir dies nur als eine Analogie, die, wenn nötig, eine Variable in der Gleichung werden kann.

Und was haben wir nun? Wir sind gegen Dämonen und gegen die menschliche Seele etwas hart gewesen. Sie sind zwar populär, aber sie weigern sich, klar hervorzutreten und eine gründliche Untersuchung und genaue Ausmessung zuzulassen. Und wenn sie nicht auf diese Weise mit uns zusammenarbeiten wollen, wollen wir auch nicht mit ihnen arbeiten. Wir haben jetzt die Anzahl der Faktoren vermindert, die in unserer Gleichung notwendig sind, um eine Lösung zu erhalten. Daraus ergeben sich zwei Dinge. Erstens, der Bereich des Existierenden ist wahrscheinlich endlich, und zweitens, endliche Faktoren genügen schon für sich allein zur Lösung des Problems.

Wahrscheinlich könnten wir auch sehr stumpfsinnig und mathematisch an die Sache herangehen, aber was soll's? Ein gutes, praktisch brauchbares, heuristisches Prinzip, ein *praktisch brauchbares,* ist mehr wert als unendlich viele Formeln, die auf Autorität und Meinungen gegründet sind und *nicht* funktionieren.

Wir können nur eines tun – das Prinzip testen. Wir brauchen ein dynamisches Prinzip des Daseins. Schlagen wir einmal Spencer[13] auf. Da finden wir etwas, das sich schrecklich gut anhört. Es hörte sich gut an, als er es aus indischen Schriften herausnahm, der gleichen Quelle, die auch Lukrez[14] benutzt hatte. Aber es scheint nur dynamisch zu sein, denn in der Berechnung kann man nichts damit anfangen. Wir brauchen ein *dynamisches* Prinzip, nicht eine Beschreibung.

Aber was bedeutet in einem so großen Bereich ein Prinzip? Sollten wir es nicht besser definieren? Nennen wir es also einen dynamischen kleinsten gemeinsamen Nenner des Daseins.

Wird uns solch ein kleinster gemeinsamer Nenner über die oberste Grenze, die wir uns selbst gesetzt haben, hinausschleudern und mit einer Hand voll Variablen, jedoch ohne Antworten, frei durch die Luft wirbeln lassen? Lieber nicht. Stellen wir also ein paar weitere Fragen, und schauen wir, ob sie das Prinzip klar werden lassen.

13. **Spencer:** Spencer, Herbert (1820–1903) englischer Philosoph, der für seine Anwendung der wissenschaftlichen Lehrsätze der Evolution auf die Philosophie und Ethik bekannt war.
14. **Lukrez:** (ca. 98–55 v.Chr.) römischer Dichter, der das unvollendete, unterweisende Gedicht in sechs Bänden, *Die Natur der Dinge*, verfasste. Es gibt in Umrissen eine vollständige Wissenschaft über das Universum bekannt.

Was können wir wissen? Können wir wissen, woher das Leben kam? Das ist im Augenblick nicht möglich. Können wir wissen, wohin das Leben geht? Das wäre interessant, aber wenige von uns werden das noch erleben. Was können wir also wissen? Wer, wann, warum, wo, was – WAS! Wir können wissen, WAS das Leben tut.

Nehmen wir an, dass das Leben irgendwo begann und irgendwohin unterwegs ist. Es könnte eine Menge Probleme lösen, wenn wir wüssten, *woher* es kam, aber zu diesem Zeitpunkt und für dieses Problem scheint das unnötig zu sein. Und eines Tages wird man vielleicht auch wissen, wohin es unterwegs ist, aber auch das brauchen wir jetzt nicht zu wissen. Wir haben also jetzt etwas für unsere Gleichung, das eine feste Größe bleiben wird. WAS tut das Leben auf seinem Weg?

Leben ist eine Art von Energie. Das Ziel scheint Energie einzuschließen. Wir arbeiten hier auf heuristischer Grundlage. Wir brauchen uns nicht mit Argumenten herumzuschlagen, denn das Einzige, was wir erreichen wollen, ist eine Sache mit hoher Funktionsfähigkeit. Mehr braucht ein Wissenschaftler nicht. Wenn das eine nicht brauchbar ist, dann denken wir uns eben etwas anderes aus und stellen so lange immer weitere Annahmen auf, bis wir etwas haben, das funktioniert.

Was tut Energie? Sie überlebt – sie ändert ihre Form, aber sie überlebt.

Was tut das Leben? Es überlebt.

Möglicherweise tut das Leben noch viel mehr, aber wir wollen einfach einmal sehen, ob wir mit dieser Aussage etwas anfangen können. Was ist der kleinste gemeinsame

Nenner allen Daseins, soweit wir ihn bis jetzt gefunden haben?

ÜBERLEBE!

Der einzige Prüfstein für einen Organismus ist Überleben.

Das ist etwas, was man in Berechnungen verwenden kann.

Wir können uns das sogar noch weiter ausmalen – wir können sagen, dieser Weg, auf dem das Leben sich befindet, habe einmal angefangen, und dort am Anfang sagte Jemand: „ÜBERLEBE!“ Er sagte nicht, warum, und er sagte auch nicht, bis wann. Er sagte nur: „ÜBERLEBE!“

Nun, das ist einfach, und man kann damit Berechnungen anstellen. Es gibt auf dem Rechenschieber und bei einer Menge von Tätigkeiten Sinn und scheint ziemlich gut zu sein. Untersuchen wir es weiter.

Das Gehirn ist ein lenkender Computer, der nach denselben Prinzipien und nach demselben Plan wie die Zellen und durch diese entwickelt wurde und aus ihnen besteht. Das Gehirn löst Probleme, die mit dem Überleben zusammenhängen, stellt sich selbst Fragen über das Überleben und handelt nach einem Plan für sein Überleben, den es sich selbst optimal ausgedacht hat, wenn es auch von einem persönlichen Standpunkt geprägt ist.

Wenn jemand in Richtung auf Nicht-Überleben hin absinkt, wird er durch Schmerz auf der Skala hinaufgetrieben, zum Überleben hin. Der Anreiz, sich zum Überleben hin zu bewegen, liegt im Vergnügen. Es gibt eine abgestufte Skala, an deren einem Ende sich der Tod und an deren anderem Ende sich die Unsterblichkeit befindet.

Das Gehirn denkt in Unterschieden, Ähnlichkeiten und Gleichheiten. Sämtliche Probleme, die es hat, werden mit dieser Arbeitsweise gelöst, und all diese Probleme und Tätigkeiten sind einzig und allein durch Überleben motiviert. Der grundlegende Befehl, nach dem Körper und Gehirn arbeiten, lautet: ÜBERLEBE! Das war alles; nichts lag außerhalb dieses Rahmens.

Diese Annahme wurde aufgestellt, um festzustellen, ob sie praktisch brauchbar wäre.

Das war 1938, nach mehrjährigen Studien. Die Axiome begannen mit: ÜBERLEBE! ÜBERLEBEN! war der kleinste gemeinsame Nenner allen Daseins. Im weiteren Verlauf der Studien ergaben sich Axiome darüber, was der Mensch tat und wie er es tat. Ausgezeichnete Definitionen für Intelligenz, Antriebskraft, Glücklichsein, gut und böse usw. ergaben sich und ordneten sich ein. Die Berechnung ergab schließlich, dass auch Selbstmord, Lachen, Trunkenheit und Torheit in diesen Rahmen fielen.

Diese Berechnungen bewährten sich über mehrere Jahre hinweg. Und dann, wie Sie vielleicht gehört haben, kam ein Krieg. Aber auch Kriege hören eines Tages auf. Die Forschung wurde wieder aufgenommen, jetzt jedoch mit der zusätzlichen Notwendigkeit, das gewonnene Wissen auf die Probleme von Freunden anzuwenden, die den Krieg nicht besonders gut überstanden hatten.

Kapitel Drei

Innere „Dämonen“

Kapitel Drei

Innere „Dämonen“

Wenn ein Forscher an die Grenzen des Bekannten kommt und ein Stück darüber hinausgeht, gehen ihm die Reiseführer aus. In den Bibliotheken standen viele tausend Fallgeschichten von Geistesstörungen, sauber aufgezeichnet. *Und keine einzige dieser Fallgeschichten enthielt in sich die Informationen, die zur Lösung des Falles wesentlich waren.* Sie hätten ebenso gut mit sich selbst auflösender Tinte geschrieben werden können, mehr waren sie nicht wert. Sie bewiesen zwar, dass Menschen seltsame geistige Aberrationen aufwiesen, aber ansonsten waren sie wertlos. Wie nimmt man den Aufbau einer Wissenschaft des Denkens in Angriff, ohne die Möglichkeit zur Beobachtung zu haben und ohne im Besitz irgendwelcher beobachtbarer Daten zu sein?

Die erste Aufgabe war, in einer Unmenge persönlicher Beobachtungen, die hier und in anderen Ländern gemacht worden waren, eine feste Größe zu finden. Ich hatte in Asien Hypnotismus studiert. Ich wusste, dass Hypnotismus mehr oder weniger ein grundlegender Faktor war. Immer, wenn Schamanen, Medizinmänner, Exorzisten[1] oder sogar

1. **Exorzist:** jemand, der böse Geister (aus einer Person oder aus einem Ort) in Form einer religiösen oder feierlichen Zeremonie austreibt.

moderne Psychologen an die Arbeit gehen, neigen sie zu hypnotischen Praktiken.

Aber welchen Nutzen hat eine so schreckliche, unvorhersagbare Variable wie Hypnose? Bei manchen Leuten funktioniert sie, bei den meisten dagegen nicht. Bei denen, wo sie funktioniert, erreicht sie manchmal gute Ergebnisse, manchmal schlechte. Wilde Sache, diese Hypnose.

Indes ist dem Naturwissenschaftler der Gebrauch einer wilden Variablen nicht ungewohnt. Hinter solch regellosen und unberechenbaren Dingen verbergen sich gewöhnlich echte, wichtige Gesetze. Hypnotismus – oder hypnotische Praktiken – zieht sich als eine Art roter Faden durch sämtliche Kulte. Man sollte vielleicht wenigstens einen Blick darauf werfen.

Also untersuchte ich Hypnotismus. Ein sehr ungezügeltes Grundelement. Der Grund dafür, dass dieses Gebiet so wild und unberechenbar war, mochte eine gute Antwort enthalten. Die erste Untersuchung des Hypnotismus war recht kurz. Sie brauchte nicht länger zu sein.

Untersuchen Sie eine posthypnotische Suggestion[2]. Die Versuchsperson befindet sich in Amnesie-Trance[3]. Sagen Sie ihr, dass sie, wenn sie aufwacht, ihren linken Schuh ausziehen und auf den Kaminsims legen wird. Sagen Sie ihr dann, sie werde vergessen, dass ihr das

2. **posthypnotische Suggestion:** eine Suggestion, die während Hypnose gemacht wurde, mit dem Ziel, dass sie nach dem Erwachen effektiv ist.
3. **Amnesie-Trance:** eine tiefe Trance, die dadurch erzielt wird, dass die Person entweder in einen Schlaf versetzt wird, indem man sie für Anweisungen empfänglich macht, oder indem man eine Person sanft und teilweise aus einem tiefen, natürlichen Schlaf aufweckt und mit ihr in diesem tiefen Zustand spricht bzw. Antworten von ihr erhält.

befohlen wurde. Dann wecken Sie sie auf. Sie wacht auf, blinzelt ein wenig, streckt dann ihren Fuß vor und zieht sich den Schuh aus. Fragen Sie sie, warum. „Mein Fuß ist mir zu heiß.“ Sie legt den Schuh auf den Kaminsims. Warum? „Ich hasse es, einen feuchten Schuh anzuziehen. Hier oben ist es wärmer, und er wird trocken werden.“ Merken Sie sich dieses Experiment. Den vollen Grund dafür, warum dieses Experiment so wichtig war, fand ich erst neun Jahre später. Aber ich erkannte, dass man mit verschiedenen Suggestionen das Auftreten verschiedener dem Psychiater bekannter Neurosen, Psychosen, Zwänge und Verdrängungen herbeiführen kann. An dieser Stelle konnte die Untersuchung nicht weitergeführt werden. Wir hatten noch zu wenige Antworten. Aber es war offensichtlich, dass *Hypnose und Geisteskrankheit irgendwie dasselbe sind.* Ich begann nach dem Grund dafür zu forschen.

Mit sehr vielen Personen wurde über eine lange Zeit hinweg immer wieder versucht, das Rätsel zu lösen. Wodurch wird die Hypnose verursacht? Was bewirkt sie? Warum waren ihre Auswirkungen und Ergebnisse nicht vorhersagbar?

Die Hypnoanalyse[4] wurde untersucht. In den Lehrbüchern hört sie sich gut an, aber sie funktioniert nicht. Sie funktioniert aus verschiedenen Gründen nicht, hauptsächlich, weil nicht jeder hypnotisiert werden kann. Und selbst wenn eine Person hypnotisiert werden kann, funktioniert sie nur gelegentlich. Also wurde die Hypnoanalyse begraben, gemeinsam mit der

4. **Hypnoanalyse:** eine Methode der Psychoanalyse, bei der ein Patient hypnotisiert wird, in dem Versuch, analytische Daten und frühe emotionale Reaktionen zu erreichen.

Wasserkur[5] der Bedlam[6]-Anstalt, der präfrontalen Lobotomie[7] und den Techniken zur Dämonenaustreibung bei den Schamanen von Britisch-Guayana. Und die Suche nach dem Schlüssel, mit dessen Hilfe der Verstand wieder normal gemacht werden könnte, wurde fortgesetzt.

Aber der Hypnotismus wollte nicht so richtig begraben bleiben. Die Narkosynthese schien ein guter Anhaltspunkt zu sein, bis einige Fälle entdeckt wurden, die durch Narkosynthese „geheilt" worden waren. Bei diesen Fällen wurde noch einmal Narkosynthese angewandt, einfach um herauszufinden, was geschehen war. Narkosynthese schien einen Patienten manchmal so zu „kurieren", dass seine Kriegsneurose irgendwann in der Zukunft noch viel schlimmer werden konnte. Nein, das ist nicht ganz fair. Sie erzielt etwas bessere Resultate als ein magischer Heilkristall in der Hand eines australischen Medizinmannes. Sie schien etwas mehr zu bewirken, als sie sollte, und dieses „etwas mehr" war schlecht. Hier hatten wir eine weitere wilde Variable, ein weiteres Stückchen des Puzzlespiels der Ursache von Geisteskrankheiten. Wir wussten, WAS der Mensch tat. Er überlebte. Auf irgendeine Weise wurde er gelegentlich unvernünftig. Wie passte die Hypnose

5. **Wasserkur:** eine psychiatrische Behandlung, die dazu gedacht ist, Dämonen aus einer Person zu entfernen. Dabei wird der Patient flach auf den Boden gelegt und dann lässt man Wasser aus einer gewissen Höhe in seinen Mund fließen.

6. **Bedlam:** eine alte Anstalt für Geisteskranke in London (der vollständige Name lautet St. Mary of Bethlehem), die für ihre unmenschliche Behandlung der Insassen berüchtigt war.

7. **präfrontale Lobotomie:** eine psychiatrische Operation, die durchgeführt wird, indem Löcher in den Schädel gebohrt werden, in das Gehirn eingedrungen wird und die verbindenden Nervenfasern in den beiden vorderen Gehirnlappen durchtrennt werden. Dies führt dazu, dass der Patient emotional gesehen nur noch vor sich hin vegetiert.

in dieses Bild? Warum hatte Drogenhypnose manchmal so nachteilige Wirkungen auf Leute?

Diese Leute, die ich traf und mit denen ich arbeitete, schienen irgendwie durch irgendetwas gefangen zu sein, das von modernen Methoden fast nie berührt wurde. Und warum erhoben sich ganze Völker, um andere Völker abzuschlachten? Warum führten religiöse Fanatiker ihr Banner mit dem Halbmond[8] durch drei Viertel Europas? Die Menschen benehmen sich, als ständen sie unter irgendeinem Fluch. Sind sie von Grund auf böse? Ist die gesellschaftliche Erziehung nur eine dünne Deckschicht? Ist der böse Fluch ein natürliches Erbe aus dem Tierreich, wo Zähne und Klauen herrschen? Ist das Gehirn *jemals* zur Vernunft fähig? Hypnose und Narkosynthese, Grundelemente, die unberechenbar waren, wollten eine Zeitlang keine Antworten enthüllen.

Wieder aus der Bahn geworfen und ohne Arbeitswerkzeuge, war es notwendig, unter anderem auf die Techniken des Kayan-Schamanen[9] von Borneo zurückzugreifen. Seine Theorie ist primitiv; er treibt Dämonen aus. Nun gut. Wir stellten die Annahme auf, dass der Mensch böse sei und dass das Böse angeboren sei. Dann müsste es möglich sein, die dünne Deckschicht der Zivilisation zu verstärken, indem man ihm unter Verwendung von Hypnose mehr Zivilisation einpflanzt. Dadurch verschlechtert sich aber gewöhnlich der Zustand des Patienten. Diese Annahme

8. **Banner mit dem Halbmond:** bezieht sich auf die Flagge und den Halbmond der moslemischen Armeen, die während des Mittelalters einen Großteil Europas eroberten.

9. **Kayan-Schamanen:** ein Volk, das auf der Insel Borneo heimisch ist. Es ist hauptsächlich am Fluss Kayan ansässig, betet viele Götter an und praktiziert Schamanismus.

funktioniert also nicht. Versuchen wir es vorläufig einmal mit der Annahme, dass der Mensch gut sei, und folgen wir den Schlüssen, die sich daraus ergeben. Und nehmen wir an, dass etwas wie der *Toh*[10] des Schamanen von Borneo in ihn hineingefahren ist und ihn dahin lenkt, Böses zu tun.

Der Mensch hat länger daran geglaubt, dass Dämonen die Menschen beherrschen, als daran, dass sie es nicht tun. Nehmen wir an, dass Dämonen existieren. Wir suchten auf verschiedene Weise nach Dämonen. *Und wir fanden welche!*

Diese Entdeckung war fast genauso verrückt wie manche unserer Patienten. Aber es war nötig, Dämonen zu messen und zu klassifizieren.

Merkwürdige Arbeit für einen Ingenieur und Mathematiker! Es wurde jedoch entdeckt, dass die „Dämonen“ tatsächlich klassifiziert werden konnten. Es gab in jedem Patienten mehrere „Dämonen“, aber es gab nur wenige Klassen von „Dämonen“. Es gab Gehördämonen, Flüsterdämonen, den Sehsinn beeinflussende Dämonen, innere Dämonen, äußere Dämonen, befehlende Dämonen, lenkende Dämonen, kritisierende Dämonen, apathische Dämonen, wütende Dämonen, gelangweilte Dämonen und „Vorhang“-Dämonen, die lediglich Dinge absperrten. Der letztgenannte schien am häufigsten vorzukommen. Eine Untersuchung des Denkens einiger Leute wies bald nach, dass es schwierig war, jemanden zu finden, der nicht einige dieser Dämonen hatte.

10. **Toh:** in primitiven Kulturen Vertreter der geistigen Welt. *Toh* werden als bösartige Geister betrachtet und als verantwortlich für Katastrophen, wie Missernten, Krankheit und Tod.

Es war notwendig, ein optimales Gehirn zu entwerfen. Dieses Gehirn wäre eine Annahme, an der eventuell noch Änderungen vorgenommen werden müssten. Es wäre im Besitz einer Kombination der besten Eigenschaften aller Gehirne, die wir untersucht haben. Es wäre imstande, sich alle Erinnerungen, die es zum Denken braucht, in Farbe zu vergegenwärtigen und sie mit allen dazugehörigen Klängen und Tönen zu hören. Es würde denken, ohne dabei zu sich selbst zu sprechen; es würde eher in Begriffen und Schlussfolgerungen denken als in Worten. Es könnte sich alles, was es sich vorstellen möchte, bildlich und in Farbe vorstellen, und alles hören, was es in der Vorstellung hören möchte. Schließlich wurde entdeckt, dass es sich auch Gerüche und Tastempfindungen vorstellen konnte, aber dies ging noch nicht in den ursprünglichen Entwurf ein. Und es würde auch wissen, wann es sich an etwas erinnerte und wann es sich etwas vorstellte.

Zum Zwecke der Analogie war es nun notwendig, zu der im Jahre 1938 entwickelten Vorstellung des elektronischen Computers zurückzukehren. Es wurden Schaltkreise für die Erinnerung an Bilder und Farben, an Klänge und Töne, und Schaltkreise für die Erschaffung von Bildern und Farben, Klängen und Tönen in der Vorstellung entworfen. Dann wurden die Schaltkreise der Gedächtnisbank skizziert. All das war zu dieser Zeit ziemlich einfach, da einige ausgedehnte Arbeit daran schon in den 30er Jahren geleistet worden war.

In diese grafische Darstellung wurden nun weitere Schaltkreise eingetragen. Der optimale Verstand war ein einfacher Schaltkreis. Dem wurden die „Dämonen“-Schaltkreise hinzugefügt. Es wurde festgestellt, dass man mit

„Das optimale Gehirn war ein einfacher Schaltkreis. Dem wurden die „Dämonen“-Schaltkreise hinzugefügt. Es wurde festgestellt, dass man mit ganz gewöhnlicher Elektronik jede Art von ‚Dämonen‘, die beobachtet worden war, einbauen konnte.“

ganz gewöhnlicher Elektronik jede Art von „Dämonen“, die beobachtet worden war, einbauen konnte.

Da sich keiner der „Dämonen“ zu einer ordnungsgemäßen Untersuchung als Dämon einfinden wollte, zog ich den Schluss, dass sie auf dieselbe Weise ins Gehirn eingebaut waren, wie man einen neuen Schaltkreis ins optimale Gehirn einbauen würde. Da aber nur eine beschränkte Menge Gehirn vorhanden war, lag es auf der Hand, dass diese elektronischen „Dämonen“ Teile des optimalen Gehirns benutzten und dass sie nicht fähiger waren, als das optimale Gehirn von Natur aus war. Das war eine weitere Annahme. Alles, was gewünscht wurde, war ein gutes Ergebnis. Wenn diese Annahme nicht funktioniert hätte, hätten wir eben etwas anderes ausprobiert.

Auf diese Weise kamen wir an die Lösung heran. Obwohl dieses Instrument, das menschliche Gehirn, um eine Spur zu wunderbar ist, um mit einer so plumpen Sache wie der heutigen Elektronik auf eine Stufe gestellt zu werden – so fantastisch die moderne Elektronik auch ist, die Analogie hält stand. Als Analogie hält sie stand. Heute würde die ganze Wissenschaft Dianetik auch ohne diese Analogie ein großartig zusammenpassendes Gefüge ergeben. Aber auf dieser Stufe war die Analogie nützlich.

Es gibt keine Dämonen – keine Geister und Ghuls und auch keine *Tohs*. Aber es gibt aberrierende Schaltkreise. Das war die Schlussfolgerung. Es war eine Annahme. Und dann wurde mehr daraus.

Kapitel Vier

Die Grund-persönlichkeit

KAPITEL VIER

DIE GRUND-PERSÖNLICHKEIT

EINES TAGES SCHLIEF EIN PATIENT ein*, und als er aufwachte, erwies er sich als „ein anderer“. Als „ein anderer“ wurde er sehr gründlich befragt. Wenn dieser Patient „er selbst“ war, war bei ihm die Erinnerung an Gehörwahrnehmungen blockiert, und er war farbenblind. Gewöhnlich war er sehr nervös. Jetzt aber, als er als „ein anderer“ aufwachte, war er ruhig. Er sprach in einer tieferen Stimmlage. Offensichtlich sahen wir uns hier einem dieser Leute mit vermurkster Elektronik gegenüber, die von den Gelehrten als Schizophrene[1] bezeichnet werden. Das war aber nicht der Fall. Wir hatten die Grundpersönlichkeit des Patienten selbst vor uns, im Besitz eines optimalen Gehirns!

Sehr bald stellte sich heraus, dass er sich an alles, was er je gesehen hatte, mit sämtlichen Farben erinnern konnte, ebenso an alle Gehörwahrnehmungen; er konnte sich

* [**Anmerkung des Herausgebers:** Dies bezieht sich auf die Amnesie-Trance, wie im vorherigen Kapitel definiert.]

1. **Schizophrener:** eine Person mit zwei (oder mehr) scheinbaren Persönlichkeiten. *Schizophrenie* bedeutet „Schere“ oder „Zwei“ plus „Kopf“. Wörtlich: *Spalten des Verstands,* daher: *gespaltene Persönlichkeit.*

Klänge und Töne und farbige Bilder vorstellen und besaß vollständige Kontrolle über deren Koordination. Er wusste, wann er sich etwas vorstellte und wann er sich an etwas erinnerte. Und das war auch etwas, das er vorher nicht gekonnt hatte.

Er wollte etwas wissen. Er wollte wissen, wann der Versuchsleiter ihm helfen würde, wieder ganz in Ordnung zu kommen. Er hatte viele Dinge zu erledigen. Er wollte seiner Frau unter die Arme greifen, damit sie nicht für den Unterhalt der Familie sorgen müsste. Wie sehr unterschied er sich von dem Patienten vor einer Stunde!

Er löste gern und mit Genauigkeit und Klarheit einige Denkaufgaben. Danach durfte er sich hinlegen und schlafen. Als er erwachte, konnte er sich an das Geschehene nicht mehr erinnern. Er zeigte wieder seine alten Symptome. Nichts vermochte diese elektronischen Blockierungen zu erschüttern. Er wusste nicht einmal, ob er zu Mittag gegessen hatte und was die Farbe meines Halstuchs war, und was seine Frau anbetraf, so „geschah es ihr recht, ein verdammtes Weibsstück zu sein".

Dies war der erste Kontakt mit der Grundpersönlichkeit, aber bei weitem nicht der letzte. Es wurde entdeckt, dass es bei vielen Leuten möglich war, mit der Arbeitsweise des optimalen Gehirns in Berührung zu kommen.

Und die Grundpersönlichkeiten, mit denen wir in Berührung kamen, waren ausnahmslos stark, mutig, konstruktiv und gut. Im Normalzustand hatten die Patienten dieselbe Persönlichkeit, ihnen fehlten jedoch gewisse geistige Kräfte, und sie hatten elektronische Dämonen und waren allgemein unglücklich. Ich stellte fest, dass ein „abgebrühter Krimineller" mit einer offensichtlichen „Verbrechergesinnung" in seiner Grundpersönlichkeit ein aufrichtiger und intelligenter Mensch war, mit Ehrgeiz und Bereitschaft zur Zusammenarbeit.

Das war unglaublich. Wenn das das Grundgehirn war, so war das Grundgehirn gut. Dann war der Mensch im Grunde gut – und er hatte einen angeborenen Gemeinschaftssinn! Wenn das das Grundgehirn war ...

Es war das Grundgehirn. Dies ist ein „clear". Aber wir wollen der Sache nicht vorgreifen.

Aberrierten Menschen geht es ausnahmslos schlecht. Die Patientin, der es von allen unseren Fällen am schlechtesten ging, hatte eine Aberration, die sie „glücklich sein" spielen ließ, und der nervöseste *Aberrierte*[2], den man sich überhaupt vorstellen kann, wurde von der Aberration beherrscht, immer „ruhig" zu sein. Sie sagte, sie sei glücklich, und versuchte es sich und allen anderen weiszumachen. Er sagte, er sei ruhig. Er bekam aber sofort einen nervösen Anfall, sobald ihm jemand erzählte, er sei nicht ruhig.

Es wurde versuchsweise und vorsichtig der Schluss gezogen, dass das optimale Gehirn das nicht aberrierte Gehirn sei, dass das optimale Gehirn auch die Grundpersönlichkeit sei und dass die Grundpersönlichkeit, sofern keine organischen Störungen vorliegen, gut sei. Wenn der Mensch im Grunde gut war, konnte es nur ein „böser Fluch" sein, der ihn böse machte.

2. **Aberrierter:** eine aberrierte Person.

„Wenn der Mensch im Grunde gut war, konnte es nur ein ‚böser Fluch' sein, der ihn böse machte. Was war die Quelle dieses Fluches? Sollten wir Aberglauben und Dämonen als wirkliche Dinge zulassen und annehmen, dass die Quelle irgendetwas Unheimliches und Wunderliches von der Art des Ektoplasmas wäre? Oder sollten wir uns von vielen geläufigen Glaubensauffassungen trennen und etwas wissenschaftlicher werden?"

Was war die Quelle dieses Fluches?

Sollten wir Aberglauben und Dämonen als wirkliche Dinge zulassen und annehmen, dass die Quelle irgendetwas Unheimliches und Wunderliches von der Art des Ektoplasmas[3] wäre? Oder sollten wir uns von vielen geläufigen Glaubensauffassungen trennen und etwas wissenschaftlicher werden?

Der Ursprung müsste dann in der äußeren Welt liegen. Eine Grundpersönlichkeit, die so begierig darauf ist, stark zu sein, würde sich vermutlich nicht selbst aberrieren, wenn nicht ein sehr mächtiger, innerer, persönlicher Teufel in ihr am Werk wäre. Wenn wir aber Teufel und „Dinge, die einen in der Nacht hochschrecken" auf den Müll geworfen haben, was bleibt dann noch übrig? Es bleibt einzig und allein die äußere Welt.

Schön und gut; überprüfen wir auch diese Überlegung auf ihre Brauchbarkeit hin. Irgendwie gelangt die äußere Welt nach innen. Unbekannte Faktoren kommen in das Individuum hinein, die gegen seinen Willen Schaltkreise aufbauen; das Individuum wird aberriert und ist weniger überlebensfähig.

3. **Ektoplasma:** im Spiritismus die gasförmige leuchtende Substanz, die vom Medium während einer Trance ausgehen soll.

Kapitel Fünf

Die äussere Welt und innere Aberration

KAPITEL FÜNF

DIE ÄUSSERE WELT UND INNERE ABERRATION

DIE NÄCHSTE JAGD GALT DIESEN unbekannten Faktoren. Die Spur sah bisher ganz gut aus. Aber wir wollten eine Wissenschaft des Denkens formulieren, und eine Wissenschaft ist, zumindest für einen Ingenieur, etwas ziemlich Präzises. Sie muss auf Axiome aufgebaut werden, zu denen es sehr wenige Ausnahmen gibt, wenn überhaupt welche. Sie muss einheitlich und zu *jeder Zeit* Ergebnisse erzielen, die vorhersagbar sind.

Die Ingenieurwissenschaften erfordern dies vielleicht deshalb, weil dem Ingenieur natürliche Hindernisse entgegenstehen und weil Materie sich auf sehr unbequeme Weise dagegen wehrt, von jemandem aufgrund seiner Meinung übersehen zu werden. Wenn ein Ingenieur meint, dass Züge durch die Luft fahren können, und es daraufhin unterlässt, eine Brücke über einen Strom zu bauen, wird die Sache von der Schwerkraft in die Hand genommen, und der Zug fällt ins Wasser.

Wollen wir eine Wissenschaft des Denkens haben, wird es daher notwendig sein, praktisch brauchbare Axiome zu besitzen, die, in Verbindung mit Techniken angewandt, einheitliche Resultate in allen Fällen erzielen – und zwar ausnahmslos.

Wie bereits erwähnt, war schon eine Menge Arbeit hinsichtlich der Unterteilung des Problems geleistet worden. Diese Unterteilung war notwendig, um das eigentliche Problem – der Mensch im Universum – zu untersuchen.

Zunächst machten wir eine Trennung zwischen Dingen, über die wir wahrscheinlich nachdenken konnten und mussten, um die Lösung zu finden, und solchen Dingen, über die wir wahrscheinlich nicht nachzudenken brauchten, um die Lösung zu finden. Als Nächstes mussten wir über sämtliche Menschen nachdenken. Dann über einige. Schließlich über den einzelnen Menschen und am Ende über einen Teil des aberrierenden Musters eines Individuums.

Wie wurde die äußere Welt zu einer inneren Aberration?

Ebenso wie bei der Bestimmung des optimalen Gehirns gab es auch hier viele Fehlstarts und Sackgassen. Es gab noch immer so viele Variablen und mögliche Fehlkombinationen in der Überlegung, dass das Ganze wie ein Gedankengang von Kant[1] aussah. Aber über Ergebnisse gibt es keine Debatten. Es gibt keinen Ersatz für eine Brücke, die solide genug gebaut ist, um einen Zug zu tragen.

Ich prüfte verschiedene Schulen der Psychologie, wie Jung und Adler, da die entfernte Möglichkeit bestand,

1. **Kant:** Immanuel Kant (1724–1804), deutscher Philosoph, der behauptete, dass Gegenstände der Erfahrung (Phänomene) wissbar sind, aber dass Dinge, die über den Bereich der möglichen Erfahrung hinausreichen, unwissbar sind. Kants Werke werden oft als schwer verständlich angesehen.

dass sie Recht hatten. Sogar Freud[2]. Doch ich tat dies nicht sonderlich ernsthaft, da über die Hälfte der Patienten auf der Liste schon sehr ausgiebige psychoanalytische Verfahren bei Fachleuten durchlaufen hatten, ohne nennenswerte Ergebnisse erzielt zu haben. Die Arbeit Pawlows[3] wurde durchgesehen – für den Fall, dass sie etwas Brauchbares enthielte. Aber Menschen sind keine Hunde. Wenn man von heute aus auf das Werk dieser Leute zurückblickt, ergibt Vieles, was sie gemacht haben, einen Sinn. Aber wenn man ihre Arbeiten liest und benutzt, *ohne* schon Bescheid zu wissen, dann ergeben sie keinen Sinn. Daraus kann man folgenden Schluss ziehen: Jemand mit zwei Meter breiten Rückspiegeln und einem winzigen Guckloch nach vorn erkennt mehr über einen Gegenstand, wenn er daran vorbeigefahren ist, als er bei der Annäherung an ihn wusste.

Dann stellten wir einen weiteren der vielen Lehrsätze auf, die zur Lösung dieser Arbeit notwendig waren. *Das*

---

2. **Freud, Jung, Adler:** die Psychologen Sigmund Freud (1856–1939), Carl Gustav Jung (1875–1961) und Alfred Adler (1870–1937). Freud begründete die Psychoanalyse; während Jung und Adler zunächst mit ihm zusammenarbeiteten, lösten sich beide von ihm und gründeten ihre unabhängigen Denkrichtungen, weil sie mit Freuds Betonung auf Sex als die treibende Kraft nicht übereinstimmten. Jung hatte die Theorie, dass alle Menschen ein gemeinsames Unbewusstsein erben, welches universale Symbole und Erinnerungen aus der Vergangenheit ihrer Vorfahren enthält, während Adler dachte, dass Menschen vor allem davon motiviert wären, innewohnende Minderwertigkeitsgefühle zu überwinden.

3. **Pawlow:** Iwan Petrowitsch Pawlow (1849–1936), russischer Physiologe, der für seine Experimente mit Hunden bekannt ist. Pawlow ließ eine Glocke ertönen, während er einem Hund Futter anbot. Nachdem diese Prozedur mehrere Male wiederholt wurde, wies der Hund (in Erwartung) Speichelfluss beim Anschlagen einer Glocke auf, ob nun Futter angeboten wurde oder nicht. Pawlow schloss daraus, dass alle angenommenen Gewohnheiten, sogar die höheren geistigen Tätigkeiten des Menschen von konditionierten Reflexen abhingen.

„Das Auswählen von Wichtigkeiten. *Man blickt auf ein Meer von Tatsachen. Jeder Tropfen in diesem Meer gleicht jedem anderen. Einige wenige dieser Tropfen sind von gewaltiger Bedeutung. Wie kann man einen solchen finden? Wie kann man feststellen, ob er wichtig ist?*“

Auswählen von Wichtigkeiten. Man blickt auf ein Meer von Tatsachen. Jeder Tropfen in diesem Meer gleicht jedem anderen. Einige wenige dieser Tropfen sind von gewaltiger Bedeutung. Wie kann man einen solchen finden? Wie kann man feststellen, ob er wichtig ist? Von dieser Art ist ein großer Teil der früheren Künste auf dem Gebiet des menschlichen Verstandes – und soweit es mich und meine Arbeit betraf, sogar alles. Zehntausend Tatsachen, und sie alle besitzen anscheinend genau die gleiche Bedeutung. Und jetzt greifen Sie einmal unfehlbar die richtige heraus! Natürlich, wenn erst einmal jemand mit Hilfe irgendwelcher anderen Mittel die richtige gefunden hat, dann ist es sehr leicht, die Tatsachen zu überblicken, die richtige herauszugreifen und zu sagen: „Na bitte! Da war's doch die ganze Zeit! Der alte Wie-heißt-er-gleich wusste, was er tat." Aber versuchen Sie es einmal, bevor Sie schon Bescheid wissen! Es ist ein klarer Fall, dass der alte Wie-heißt-er-gleich es nicht wusste, denn sonst hätte er diese eine Tatsache dick rot angestrichen und die anderen weggeworfen. Aufgrund dieses neuen Lehrsatzes des Auswählens von Wichtigkeiten wurden daher alle Daten, die ich nicht persönlich überprüft oder entdeckt hatte, über Bord geworfen. Ich war durch ungenaue Beobachtung und nachlässige Arbeit derer, die vor mir auf diesem Gebiet gearbeitet hatten, in so viele Sackgassen hineingeführt worden, dass es an der Zeit war, zu entscheiden, dass es viel, viel leichter war, eine ganze Grundlage aufzubauen, als die Nadel im Heuhaufen suchen zu gehen. Dieser Entschluss war eine ziemlich verzweifelte Kehrtwendung in meiner Arbeitsweise. Nichts funktionierte. Ich fand heraus, dass ich unbewusst viele frühere Irrtümer übernommen hatte, die das Projekt behinderten. Es gab buchstäblich Hunderte dieser Sätze von der Art „Jeder weiß doch, dass ...“, die durch Experimente und Beobachtungen nicht besser gestützt werden konnten als ein römisches Omen.

Also wurde der Schluss gezogen, dass die äußere Welt durch einen vollständig unbekannten und unvermuteten Vorgang ins Innere hineingelangt. Da gab es die Erinnerung. Wie viel wussten wir über die Erinnerung? Wie viele Arten von Erinnerung mochte es geben? Mit wie vielen Speicherbanken arbeitete das Nervensystem? Das Problem bestand nicht darin, *wo* sie waren. Das war eine Problemstellung, die nicht auf unserem Weg lag. Das Problem bestand darin, *was* sie waren.

Ich entwarf ein paar komplizierte Diagramme, warf sie weg und zeichnete noch ein paar. Ich entwarf eine genetische Bank, eine Nachahmungsbank, eine soziale Bank, eine wissenschaftliche Bank. Aber sie waren alle falsch. Sie konnten im Gehirn nicht als solche lokalisiert werden.

Dann tauchte ein schrecklicher Gedanke auf. Wir hatten diesen Lehrsatz des Auswählens von Wichtigkeiten. Aber es gab noch einen anderen, früheren Lehrsatz – die Einführung eines Willkürfaktors. Führen Sie einen Willkürfaktor ein, und wenn er nicht mehr als ein Willkürfaktor ist, dann bleibt die ganze Berechnung stecken. Wodurch hatte ich einen Willkürfaktor eingeführt? Gab es noch immer so ein „Jeder weiß doch, dass ...“ in meiner Berechnung?

Es ist hart, mit seinem Verstand Dinge zu verwerfen, die man seit frühester Kindheit akzeptiert hat, ohne sie je in Frage zu stellen; es fällt schwer, sie zu verdächtigen.

Da war ein weiteres Meer von Tatsachen, in diesem Fall in der Gedächtnisbank des Computers, der sie herauszufinden versuchte.

Es gab einen Willkürfaktor. Ich weiß nicht, wer ihn eingeführt hat, aber es war wahrscheinlich der dritte Schamane, der etwa zu der Zeit praktizierte, als die dritte Generation sprechender Menschen zu sprechen begonnen hatte.

Verstand *und* Körper.

Das also ist der hübsche kleine Haken. Schauen Sie ihn sich gut an. Verstand *UND* Körper. Damit ist es so ähnlich wie mit einem Gespenst. Irgendjemand hat gesagt, man habe eines gesehen. Er kann sich nicht so genau erinnern, wer es war oder wo es war, aber er ist sich *sicher ...*

Wer sagte, dass sie getrennt seien? Wo ist der Beweis dafür? Jeder, der einen Verstand gemessen hat, ohne dass ein Körper anwesend war, hebe bitte beide Hände. O ja, natürlich, in Büchern kann man einen Verstand erkennen – ich spreche zu Ihnen, bin aber jetzt nicht im selben Zimmer wie Sie. Also ist der Verstand von Natur aus vom Körper getrennt. Nur stimmt das nicht. Der Körper eines Menschen kann Fußabdrücke hinterlassen. Das sind Produkte des Körpers. Die Produkte des Verstandes können auch dann betrachtet werden, wenn der Körper nicht da ist – aber das sind *Produkte,* und das Produkt einer Sache ist nicht die Sache selbst.

Betrachten wir sie also als eine Einheit. Dann erinnert sich der Körper. Er mag seine Tätigkeiten in einem Mechanismus namens Gehirn koordinieren, Tatsache ist jedoch,

„Der Körper eines Menschen kann Fußabdrücke hinterlassen. Das sind Produkte des Körpers. Die Produkte des Verstandes können auch dann betrachtet werden, wenn der Körper nicht da ist – aber das sind Produkte, und das Produkt einer Sache ist nicht die Sache selbst.“

dass das Gehirn auch Teil des Nervensystems ist und dass das Nervensystem den ganzen Körper durchzieht. Wenn Sie es nicht glauben, kneifen Sie sich einmal, warten Sie dann zehn Minuten und gehen Sie zu dem Zeitpunkt zurück, als Sie sich kniffen. Gehen Sie in der Zeit zurück. Stellen Sie sich vor, Sie seien wieder vollständig an jenem Zeitpunkt. Sie werden das Kneifen spüren; das ist Erinnerung.

In Ordnung. Wenn sich der Körper erinnert und Verstand und Körper nicht unbedingt zwei getrennte Dinge sind, welche Erinnerungen wären dann am stärksten? Natürlich Erinnerungen, die Schmerz enthalten. Und welche von diesen wären am stärksten? Die, die den größten körperlichen Schmerz enthalten. Aber an die kann man sich nicht erinnern!

Vielleicht ist diese Annahme falsch, vielleicht besteht der Mensch nicht nur aus einem, sondern aus fünfzig Teilen. Schauen wir aber einmal, ob wir mit dieser Annahme etwas anfangen können.

Also kniff ich ein paar Patienten und veranlasste sie, sich vorzustellen, sie seien zu dem Augenblick zurückgekehrt, als sie gekniffen worden waren. Und es tat ihnen noch einmal weh. Ein junger Mann, dem die Wissenschaft sehr am Herzen lag, weniger dagegen sein körperliches Wohlbefinden, stellte sich für einen anständigen K.-o.-Schlag zur Verfügung.

Ich brachte ihn zu diesem Zeitpunkt zurück, und er konnte sich daran erinnern.

Dann kam mir der Gedanke, dass sich Leute vielleicht an ihre Operationen erinnerten. Also entwickelte ich eine entsprechende Technik – und als Nächstes wusste ich, dass mir eine Erinnerung an eine Zahnoperation mit Lachgas[4] zugänglich war und ich sie mir mit sämtlichen Wahrnehmungen, einschließlich der Schmerzen, ins Gedächtnis zurückrufen konnte.

4. **Lachgas:** ein süßlich riechendes und schmeckendes Gas, das in der Zahnmedizin und Chirurgie verwendet wird, um Patienten bewusstlos zu machen.

KAPITEL SECHS

FALSCHE VORSTELLUNGEN ÜBER DEN VERSTAND

Kapitel Sechs

Falsche Vorstellungen über den Verstand

Durch eine große Anzahl von Experimenten und Beobachtungen wurde die Tatsache aufgedeckt, dass es Augenblicke von „Bewusstlosigkeit" nicht gab. Und dies war eine weitere falsche Vorstellung, die den Fortschritt der Menschheit aufgehalten hatte.

„Bewusstlosigkeit" – dieses Wort wird eines Tages entweder verschwunden sein oder eine neue Bedeutung haben, denn im Moment bedeutet es eigentlich überhaupt nichts.

Der unbewusste Verstand ist der Verstand, der *immer bewusst* ist. Es gibt also keinen „unbewussten Verstand". Und es gibt keine „Bewusstlosigkeit". Damit sah die moderne Psychologie etwa genauso aus wie Tarawa[1], nachdem die Marineinfanteristen gelandet waren; denn diese Tatsache ist etwa genauso leicht zu beweisen wie die Feststellung, dass ein Apfel, den man einen Meter hoch in der Luft hält und loslässt, unter normalen Bedingungen zu Boden fällt.

1. **Tarawa:** eine Insel im Zentrum des Pazifiks, die den Japanern von US-Marineinfanteristen 1943 nach sehr schweren Kämpfen und Verlusten auf beiden Seiten entrissen wurde.

Es war also notwendig, alle Schaubilder der Schaltkreise neu zu zeichnen und eine Terminologie zu schaffen, die nicht ganz so irreführend wäre wie „Bewusstlosigkeit" und der „unbewusste Verstand".

Angesichts der Tatsache, dass ich vorher durch den Gebrauch von Wörtern, die bereits eine allgemein akzeptierte Bedeutung hatten, in Schwierigkeiten geraten war, änderte ich zu praktischen Zwecken einige Adjektive in Hauptwörter um, mixte ein paar Silben durcheinander und versuchte, mich möglichst weit vom Ansteckungsherd zu entfernen: den Autoritäten. Wenn man alte Begriffe gebraucht, dann macht man es bei der Vermittlung seiner Ideen notwendig, eine alte Bedeutung hinwegzuerklären, bevor man die neue erklären kann. Eine ganze Gedankenkette kann vollständig ins Stocken geraten, während man zu erklären versucht, dass dieses Wort, das früher ... bedeutete, jetzt ... bedeutet. Im Gespräch kommt man gewöhnlich nicht über die Bemühung hinaus, zu erklären, man meine mit diesem Wort nicht ...

Es gibt nun keinen Grund, an dieser Stelle auf die Entwicklungsgeschichte der Begriffe der Dianetik einzugehen. Der Entwicklungszyklus ist noch nicht abgeschlossen. Ich werde hier also Begriffe verwenden, die erst viel später geschaffen wurden. Sie sind noch nicht endgültig. Aber ihre Definitionen sind nicht ungenau oder mehrdeutig. Die Definitionen sind so klar, wie das Wort „Äpfel" eben Äpfel bezeichnet.

Es kommt darauf an, was wir definieren. Es gab mehrere heuristische Prinzipien, auf denen die ursprüngliche Arbeit aufgebaut war und die wir als „selbstverständlich" vorausgesetzt hatten. Eines davon war, dass der menschliche

„Und ‚jedermann wusste', dass die Arbeitsweise des menschlichen Verstandes ungeheuer kompliziert war – so verwickelt, dass eine vollständige, direkte Lösung des Problems unmöglich war. Dass der menschliche Verstand eigentlich ein Apparat von Rube Goldberg war, aufgebaut aus einem ungeheuerlich instabilen und fein ausbalancierten Stapel seltsam geformter Bruchstücke aus Emotion und Erfahrung, der jeden Augenblick zusammenbrechen konnte."

Verstand fähig sei, einige der Rätsel des Daseins zu lösen. Auf der jetzigen Entwicklungsstufe der Dianetik, nachdem wir „Bewusstlosigkeit" aus der Klasse der „Jeder-weiß-doch"-Informationen hinausgeworfen und als das gestempelt hatten, was sie wirklich darstellte – einen Irrtum –, war es notwendig, einige der „selbstverständlichen" Annahmen von 1938 zu überprüfen. Und eine dieser „Jeder-weiß-doch"-Annahmen hatte darin bestanden, dass der menschliche Verstand nicht dazu imstande sei, die Arbeitsweise des menschlichen Verstandes zu verstehen.

Und „jedermann wusste", dass der menschliche Verstand zu Irrtümern neigte, dass er dumm war und dass er sehr leicht durch so kleine Dinge aberriert werden konnte wie dadurch, dass Papa Mama liebte und Jimmy Mama auch lieben wollte.

Und „jedermann wusste", dass die Arbeitsweise des menschlichen Verstandes ungeheuer kompliziert war – so verwickelt, dass eine vollständige, direkte Lösung des Problems unmöglich war. Dass der menschliche Verstand eigentlich ein Apparat von Rube Goldberg[2] war, aufgebaut aus einem ungeheuerlich instabilen und fein ausbalancierten Stapel seltsam geformter Bruchstücke aus Emotion und Erfahrung, der jeden Augenblick zusammenbrechen konnte.

Vom Standpunkt des Ingenieurs aus erscheint dies etwas merkwürdig. Zwei Milliarden Jahre Evolution und eine Milliarde aufeinander folgende Versuchsmodelle sollten doch zu einem ziemlich verbesserten, gut

2. **Goldberg, Rube:** (1883–1970) amerikanischer Karikaturist, der für seine Darstellungen von lächerlich komplizierten mechanischen Apparaten zur Bewältigung von absurd einfachen Aufgaben bekannt ist.

funktionierenden Mechanismus geführt haben. Man würde erwarten, dass das tierische Leben nach so viel Erfahrung einen wirklich funktionsfähigen Mechanismus hervorbringen würde – und die Geräte von Rube Goldberg sind amüsant, weil sie auf so verrückte Weise funktionsunfähig sind. Irgendwie scheint es unwahrscheinlich, dass zwei Milliarden Jahre Entwicklung anhand der Trial-and-error-Methode mit einem plumpen, komplizierten, unausgeglichenen Überlebensmechanismus enden könnten und dass dann dieses minderwertige, schäbig gebaute Ding auch noch absoluter Herrscher des gesamten restlichen Tierreiches wäre!

Es war notwendig, einige dieser „Jeder-weiß-doch"-Annahmen zu überprüfen – und sie aus der Berechnung auszuschließen.

Erstens, jeder weiß: „Irren ist menschlich." Und zweitens, jeder weiß, dass wir Schachfiguren im haarigen Griff irgendeines Monsters sind, das unbekannt ist und es immer bleiben wird.

Nur hörte sich das für mich nicht nach Ingenieurwissenschaften an. Ich hatte den Wudutrommeln in Cap-Haïtien und den Stierhörnern in den Lama-Tempeln der mandschurischen Berge zugehört. Die Menschen, die diese Trommeln schlugen und diese Hörner bliesen, waren Krankheit, Hungersnot und Schrecken ausgesetzt. Es sah so aus, als läge hier ein bestimmtes Verhältnis vor: Je mehr eine Zivilisation – oder ein Mensch – dem menschlichen Verstand vernünftige Überlegung zugestand – je stärker die Behauptung vertreten wurde, dass natürliche Hindernisse und Chaos systematisch gelöst werden können –, umso erfolgreicher war sie bzw. er im Leben. Und hier waren wir wieder bei unserer ursprünglichen Annahme: ÜBERLEBE! Diese Berechnung wäre allerdings nur dann vertretbar, wenn sie in der Praxis funktionierte.

Aber es war keine unvertretbare Schlussfolgerung. Ich hatte jetzt Erfahrungen mit der Grundpersönlichkeit gemacht. Die Grundpersönlichkeit konnte Berechnungen anstellen wie ein gut geölter UNIVAC[3]. Sie war konstruktiv. Sie war vernünftig. Sie war geistig gesund.

Und so unternahmen wir den nächsten großen Schritt in dieser Entwicklung. Was ist geistige Gesundheit? Sie ist Vernunft. Ein Mensch ist in dem Maße geistig gesund, wie er genaue Berechnungen anstellen kann, wobei er nur durch seine Informationen und seinen Standpunkt eingeschränkt ist.

3. **UNIVAC:** Abkürzung für *Uni*versal *A*utomatic *C*omputer, der erste elektronische Computer, der dafür entworfen wurde, um kommerzielle Probleme zu lösen.

KAPITEL SIEBEN

DER ANALYTISCHE VERSTAND

Kapitel Sieben

Der analytische Verstand

Was ist das optimale Gehirn? Es ist ein vollständig vernünftiges Gehirn. Was muss man besitzen, um vollständig vernünftig zu sein? Was müsste jeder elektronische Computer haben? Alle Daten müssten ihm zur Einsichtnahme zur Verfügung stehen. Alle Daten, die er enthält, müssten aus seiner eigenen Berechnung stammen, oder er müsste imstande sein, die Daten, die ihm eingegeben werden, zu berechnen und zu prüfen. Nehmen Sie irgendeinen Elektronenrechner ... nein, nehmen Sie ihn doch lieber nicht. Diese Apparate sind nicht klug genug, um mit dem Verstand auf die gleiche Stufe gestellt zu werden, denn sie sind von viel geringerer Größenordnung. Nun gut, nehmen wir also den Verstand selbst, den optimalen Verstand. Vergleichen wir ihn mit sich selbst. Wann begann der Mensch, bewusst zu empfinden? Es ist für das Problem oder für die Ergebnisse, die wir haben wollen, nicht unbedingt notwendig, zu wissen, wann oder wo genau der Mensch zu DENKEN begonnen hat, aber vergleichen wir ihn doch einmal mit den anderen Säugetieren. Was hat er, das die anderen Säugetiere nicht haben? Was kann er tun, das sie nicht tun können? Was hat er, das sie auch haben?

Man braucht nur die richtige Frage zu stellen. Was hat er, das sie auch haben? Er hat etwas, das sie auch haben, und er hat etwas mehr als sie. Liegt es auf der gleichen Ebene? Mehr oder weniger.

Sie haben noch nie einen Hund gesehen, der einen Wagen lenken konnte, oder eine Ratte, die rechnen konnte. Aber es gibt Menschen, die keinen Wagen lenken können, und Menschen, die nicht viel besser rechnen können als eine Ratte. Wie unterscheiden sich solche Menschen vom Durchschnitt?

Der Durchschnittsmensch schien einen Computer zu besitzen, der nicht nur besser, sondern auch unendlich feiner war als das Gehirn irgendeines Tieres. Wenn diesem Computer etwas zustößt, so ist der Mensch nicht länger ein MENSCH, sondern ein Hund oder eine Ratte, soweit es seine geistigen Fähigkeiten betrifft.

Der Computer des Menschen muss ziemlich gut sein. Nach all diesen Millionen Jahren der Evolution sollte er es sein – tatsächlich sollte sich mittlerweile ein perfekter Computer entwickelt haben, einer, der keine falschen Antworten gäbe, weil er keine Fehler machen könnte. Es sind schon elektronische Rechenmaschinen entwickelt worden, die aufgrund ihres Entwurfes mit solchen selbstüberprüfenden Schaltkreisen ausgestattet sind, dass sie aufgrund ihrer innersten Natur einfach *keine* falsche Antwort liefern *können.* Sobald etwas verkehrt läuft, sodass der Computer beginnen würde, falsche Antworten zu geben, hält sich eine solche Rechenmaschine selbsttätig an und ruft einen Operator herbei. Wir besitzen das Wissen, um eine Maschine zu bauen, die nicht nur dies täte, sondern auch Schaltkreise aufbauen würde, um den Irrtum zu finden und den fehlerhaften Schaltkreis zu berichtigen. Wenn Menschen schon Wege gefunden haben, das mit einer Maschine zu tun ...

Ich hatte schon lange den Gedanken aufgegeben, dass man unser Problem durch Sezierung eines Neurons[1] lösen könnte. Tote reden nicht. Jetzt musste ich auch den Gedanken aufgeben, dass man auf dieser Stufe den strukturellen Mechanismus des Gehirns auch nur erraten könnte. Da wir aber auf der heuristischen Grundlage dessen, was funktioniert, arbeiten, ist es nicht notwendig zu wissen, *wie* ein Vorgang in physikalischer Hinsicht abläuft, wenn wir zeigen können, *dass* er abläuft. Es war bequem, elektronische Schaltkreise und ein elektronisches Gehirn als Analogie[2] zu benutzen, weil ich mich mit diesen Dingen auskannte. Das Gehirn mag aufgrund elektrischer Ströme funktionieren oder auch nicht. Es ist interessant, was in ihm und in seiner Umgebung mit Voltmetern gemessen werden kann. Aber Elektrizität selbst wird heutzutage indirekt gemessen. Temperatur wird anhand des Koeffizienten der Ausdehnung[3] gemessen, die sie verursacht.

1. **Neuron:** eine Zelle, die Nervenimpulse weiterleitet und die grundlegende, funktionelle Einheit des Nervensystems ist; auch Nervenzelle genannt.
2. **Analogie:** etwas, das mit etwas anderem analog ist. Eine Analogie ist eine Ähnlichkeit zwischen ähnlichen Merkmalen von zwei Dingen, auf denen ein Vergleich gegründet werden kann.
3. **Koeffizienten der Ausdehnung:** in der Physik, eine Veränderung des Volumens, des Bereichs oder der Länge eines Materials, die von einer Temperaturveränderung begleitet wird. Zum Beispiel dehnt sich bei einem traditionellen Thermometer das Volumen des flüssigen Quecksilbers aus, bzw. zieht sich zusammen, während es durch die Temperatur erhitzt oder abgekühlt wird. Das Ausmaß der Quecksilberausdehnung oder -zusammenziehung bestimmt, wie hoch oder niedrig das Thermometer anzeigt.

Enzephalographen[4] sind bei der Untersuchung eines Gehirns nützlich, jedoch bedeutet das nicht, dass das Gehirn so plump und roh ist wie ein Apparat mit Vakuumröhren[5]. Diese Überlegungen waren ein notwendiger Schritt, denn wenn das Problem gelöst werden sollte, musste man die Annahme machen, dass das Gehirn in Ordnung gebracht werden könnte, und zwar mit einer Methode, die eindeutig ohne Chirurgie auskäme.

Das war es also, womit ich zu arbeiten schien: einem Computer, der auf der Grundlage von Daten arbeiten kann, die in Gedächtnisbanken gespeichert sind, und der so entworfen ist, dass seine Schaltkreise selbst von Natur aus nicht zu falschen Berechnungen imstande sind. Der Computer ist mit Mitteln zur Wahrnehmung – den Sinnesorganen – ausgerüstet, die ihn dazu befähigen, seine Schlussfolgerungen mit der äußeren Welt zu vergleichen und so die Daten aus der äußeren Welt als Teil der Rückkopplungsschaltkreise zu benutzen, die die Richtigkeit seiner Lösungen überprüfen. Wenn die Antworten, die er abgeleitet hat, nicht mit der beobachteten äußeren Welt übereinstimmten, müssen, da die Schaltkreise des Computers von Natur aus keine falschen Berechnungen anstellen können, die bei der Lösung des Problems verwendeten Daten selbst falsch sein. Auf diese Weise kann ein perfekter, fehlerfreier Computer Daten der äußeren Welt

4. **Enzephalograph:** ein Instrument, mit dessen Hilfe die elektrische Aktivität des Gehirns gemessen und aufgezeichnet wird.

5. **Apparat mit Vakuumröhren:** bezieht sich auf Computer, wie sie in den späten 40er Jahren existierten. Die Vakuumröhre war eine Vorrichtung, die in der Elektronik allgemein verwendet wurde, um elektrische Stromflüsse zu kontrollieren. Sie wird Vakuumröhre genannt, weil es sich um eine verschlossene Glasröhre oder -birne handelt, aus der fast die ganze Luft entfernt worden war, um den elektrischen Fluss zu verbessern.

benutzen, um die Richtigkeit seiner eigenen Dateneingabe zu überprüfen und ihren Wert zu bestimmen. Dies ist *nur* möglich, wenn der Berechnungsmechanismus von Natur aus keine Fehler machen kann. Aber die Menschen haben schon mechanisch einfache Wege ausgeknobelt, einen Computer zu bauen, der keine Fehler machen kann; und wenn der Mensch auf dieser Stufe des Spiels so etwas ausknobeln kann, könnten *und würden* zwei Milliarden Jahre Evolution das auch tun. *

* *Das System des fehlerfreien Computers ist einfach zu verstehen. Stellen Sie sich einen Schaltkreis eines Vakuumröhren-Computers vor. Wenn eine Röhre versagt, richtig zu funktionieren, wird der Computer jedes Mal falsche Antworten geben, wenn diese Röhre im Berechnungsprozess benötigt wird. Aber angenommen, wir stellen zwei identische Computer auf; wenn nun eine Röhre versagt, werden die beiden Computer, die das gleiche Problem erarbeiten, unterschiedliche Antworten erhalten – was sofort anzeigt, dass irgendwo ein Defekt vorhanden ist. Dieses System wird bei gegenwärtigen Computern verwendet, die, wenn eine Situation mit verschiedenen Antworten auftritt, den Bedienenden zu Rate ziehen. Aber wenn* drei *Computer gleichzeitig parallel jeweils das gleiche Problem berechnen, ist es möglich, nicht nur zu berechnen, dass bei einer Computerkette ein Defekt vorhanden ist, sondern auch, festzustellen, bei welcher der Defekt aufgetreten ist und was die korrekte Antwort ist. Die defekte Einheit kann nun lokalisiert und mit der Maschine selbst ersetzt werden. Keine Maschine, die der Mensch hergestellt hat, besitzt diese Einrichtung; es erfordert eine Dreier-Einheit, und Einheiten sind zu teuer. Aber der Verstand des Menschen verwendet etwa 18 Milliarden Neuronen; der Verstand kann es sich leisten, alle Probleme dreifach zu berechnen, und muss es auch, um einen von Natur aus fehlerfreien Computer zu schaffen. Nur wenn man einen fehlerfreien Computer besitzt, kann die ungeheuer wichtige Funktion der Datenauswertung möglich gemacht werden. – LRH*

Wie funktioniert der Verstand? Nun, um dieses Problem zu lösen, brauchten wir das nicht zu wissen. Dr. Shannon[6] wies darauf hin, dass er auf jede erdenkliche Weise versucht habe, das Material in der Gedächtnisbank des Gehirns zu berechnen, und sich zu dem Schluss gezwungen sehe, dass das Gehirn nicht mehr als die Beobachtungen von drei Monaten speichern könnte, falls es alles aufzeichnete. Und die Forschungsarbeit der Dianetik enthüllt, dass alles aufgezeichnet und gespeichert wird. Dr. McCulloch von der University of Illinois, der 1949 die These des elektronischen Gehirns aufstellte, soll einige Berechnungen durchgeführt haben, die auf Folgendes hinauslaufen: Wenn die Baukosten für das menschliche Gehirn eine Million Dollar nicht übersteigen sollten, dürften seine Elektronenröhren pro Stück nur etwa 0,1 Cent kosten; die Energiemenge, die es verbrauchen würde, würde zur Beleuchtung von New York City ausreichen, und zu seiner Kühlung wären die Niagarafälle erforderlich. Wir überlassen diesen kompetenten Herren die Probleme der *Struktur*. Bis heute hat die Dianetik noch keiner wirklichen Erkenntnis über die Struktur widersprochen. In der Tat kann durch sorgfältige Anwendung von Prinzipien der Dianetik das Problem der Struktur vielleicht besser angegangen werden. Aber um all das brauchen wir uns gar nicht zu kümmern. Wir befassen uns mit *Funktion* und *Fähigkeit* und der richtigen Einstellung dieser Funktion, um optimales Arbeiten zu erreichen. Und wir befassen uns mit einer von Natur aus *vollkommenen* Rechenmaschine.

6. **Shannon:** Dr. Claude E. Shannon (1916–), US-amerikanischer Mathematiker, dessen Werk die Entwicklung der Computer und Kommunikationstechnologie nachhaltig beeinflusste.

Wir haben es mit einer Rechenmaschine zu tun, die vollständig nach dem Prinzip arbeitet, dass sie Recht haben muss, und falls sie nicht Recht hat, herausfinden muss, warum. Ihr Kodex könnte so lauten: „Ich verpflichte mich, immer und überall Recht zu haben und nichts als Recht zu haben und niemals, unter keinen Umständen, Unrecht zu haben."

Genau das würde man von einem Organ erwarten, das sich der Berechnung einer Angelegenheit wie der des Überlebens widmet, bei der über Leben und Tod entschieden wird. Wenn Sie oder ich eine Rechenmaschine bauen würden, würden wir eine bauen, die immer richtige Antworten gibt. Wenn nun die Rechenmaschine, die wir bauten, auch eine Persönlichkeit wäre, würde sie fest behaupten, dass sie Recht hat.

Nachdem wir diesen Computer in seinem Optimalzustand – als Grundpersönlichkeit – beobachtet haben, ist unsere Schlussfolgerung längst keine bloße Annahme mehr. Wir werden diesen Computer also den „analytischen Verstand" nennen. Wir könnten eine feinere Unterteilung vornehmen und die Dinge komplizierter machen, indem wir sagen würden, dass es neben dem Computer auch ein „Ich"[7] gibt, aber dies würde uns irgendwohin in die Irre führen, was entsprechend dem gegenwärtigen Stand der Dinge nicht sehr nützlich ist. Daher ist für unseren Zweck der „analytische Verstand" oder der „Analysator" sowohl Computer als auch das „Ich". Wir wollen nur eines: eine gute, *praktisch brauchbare Lösung.*

7. **„Ich":** (in der Philosophie und anderen Gebieten) die Quelle des Denkens; die Person selbst im Unterschied zum Körper, die sich bewusst ist, selbst zu sein; die Seele.

Als Nächstes müssen wir das betrachten, was den Menschen zu einem bewusst empfindenden Wesen zu machen scheint, und diese Betrachtung führt uns zu dem Schluss, dass es der Besitz dieses Analysators ist, der den Menschen hoch über die anderen Säugetiere hinaushebt. Denn solange der Mensch vernünftig ist, ist er überlegen. Wenn seine Vernunft abnimmt, sinkt auch sein Daseinszustand ab. Man kann also annehmen, dass es dieser Analysator ist, der den Menschen vom Hund unterscheidet.

Seit langem sind bei Experimentalpsychologen Untersuchungen an Tieren beliebt; sie dürfen jedoch nicht falsch ausgewertet werden. Die Arbeit Pawlows war interessant; sie bewies, dass Hunde Hunde bleiben. Jetzt, im Lichte dieser neuen Beobachtungen und Folgerungen, beweist sie sogar mehr als Pawlow wusste. Sie beweist, dass Menschen *keine* Hunde sind. Irgendwo muss hier eine Antwort liegen. Schauen wir einmal. Ich habe viele Hunde erzogen. Ich habe auch viele Kinder erzogen. Früher vermutete ich einmal, dass ein Kind, wenn man es ebenso geduldig erziehen würde wie einen Hund, dann ein gehorsames Kind wäre. Es funktionierte nicht. Hmm, es funktionierte wirklich nicht. Man versucht ruhig und geduldig, dieses Kind zu einem gut dressierten Hund zu machen – und was passiert? Man sagt: „Komm her!“ und das Kind läuft weg. Hmmm ... Es muss da irgendeinen Unterschied zwischen Kindern und Hunden geben. Nun, was besitzen Hunde, das Kinder nicht besitzen? In geistiger Hinsicht wahrscheinlich nichts. Aber was besitzen Kinder, das Hunde nicht besitzen? Einen guten analytischen Verstand!

Beobachten wir also diesen analytischen Verstand des Menschen noch genauer. Er muss eine besondere Eigenschaft haben, die ihn vom Verstand der Tiere unterscheidet – dem Verstand von Säugetieren niedrigerer Ordnungen. Wir nehmen an, dass diese Eigenschaft einen hohen Wert für das Überleben haben muss. Sie ist ausgesprochen auffallend und weitverbreitet, und der Analysator – hmm.

Der Analysator muss irgendeine Eigenschaft besitzen, die ihn von dem Denkapparat, den wir in Ratten und Hunden beobachten, ein wenig unterscheidet. Nicht nur Empfindlichkeit und Komplexität. Er muss etwas Neues und Besseres haben. Ein anderes Prinzip? Nun, kaum ein ganzes Prinzip, aber ...

Je vernünftiger der Verstand eines Menschen ist, umso größer ist seine geistige Gesundheit. Je weniger vernünftig der Verstand ist, umso näher kommt der Mensch in seinem Verhalten seinen Verwandten aus der Familie der Säugetiere. Wodurch wird der Verstand unvernünftig?

Kapitel Acht

Wo liegt die Ursache der Unvernunft?

KAPITEL ACHT

WO LIEGT DIE URSACHE DER UNVERNUNFT?

ICH STELLTE EINE REIHE VON Experimenten an, in denen ich die Grundpersönlichkeit benutzte, mit der ich über oder unter der Ebene der aberrierten Persönlichkeit in Berührung kommen konnte, und bestätigte in diesen Experimenten die Klarheit und optimale Leistungsfähigkeit des Grundcomputers. Einige dieser Versuchspersonen waren ziemlich aberriert, bis sie in eine hypnotische Amnesie-Trance versetzt wurden. Dann konnten sie von der Kontrolle des Hypnotiseurs befreit werden, und die Aberrationen waren nicht mehr vorhanden. Stotterer stotterten nicht. Dirnen wurden sittlich. Rechnen war einfach. Die Erinnerungsfähigkeit an farbige Bilder und an Klänge und Töne war vorhanden. Die Versuchsperson konnte sich farbige Bilder, Klänge und Töne vorstellen. Sie wusste, was Vorstellung war und was nicht. Die „Dämonen" waren irgendwo abgestellt. Um es technisch und wissenschaftlich genauer auszudrücken: die Schaltkreise und Filter, die Aberrationen verursachten, waren umgangen worden.

Wir wollen nun annehmen, dass die aberrierenden Schaltkreise irgendwie aus der äußeren Welt in den Computer hineingelangten – diese Annahme half uns in unserer Arbeit ein gutes Stück weiter und bildete eine ziemlich feste Grundlage.

Und hier finden wir eine Antwort. Die eingeführten Umgehungsschaltkreise und Filter wurden auf eine Weise, die wir noch nicht verstanden, zu Aberrationen. Und welches neue Gesicht erhielt der Analysator dadurch?

Weitere Forschung schien darauf hinzudeuten, dass die Antwort in dem Begriff „Bestimmung" enthalten sein könnte. Eine sorgfältige Überprüfung dieser Überlegung bestätigte die Beobachtungen. Es gab nichts, wogegen diese Überlegung verstieß. Funktionierte sie?

Nehmen wir diesen vollkommenen Computer als gegeben an. Er ist *verantwortlich.* Er muss verantwortlich sein. Er hat *Recht.* Er muss Recht haben. Was würde bewirken, dass er Unrecht hätte? Eine äußere Bestimmung, die so groß wäre, dass der Computer sie nicht abwehren könnte. Wenn er eine falsche Information nicht ausscheiden könnte, müsste er sie in seinen Berechnungen mitbenutzen. Dann und nur dann würde der vollkommene Computer zu falschen Antworten gelangen. Ein vollkommener Computer muss auf der Grundlage von *Selbst*bestimmung arbeiten, wobei diese Selbstbestimmung dadurch eingeschränkt wird, dass zur Lösung eines Problems bestimmte Anstrengungen notwendig sind. „Keine Selbstbestimmung" bedeutet „schlechte Berechnungen".

Die Maschine müsste ein hohes Maß an *Selbstbestimmung* haben, oder sie würde nicht funktionieren. Das war die Schlussfolgerung. Das mochte nun richtig oder falsch sein – führte es aber zu weiteren Ergebnissen?

Ja.

Sobald äußere Bestimmung in einem solchen Maße in ein menschliches Wesen hineingelangt, dass sie stärker ist als seine Selbstbestimmung, verringert sich rasch die Richtigkeit seiner Lösungen.

Nehmen wir irgendeine gewöhnliche Rechenmaschine. Wir geben ihr den Befehl ein, dass all ihre Lösungen die Zahl Sieben enthalten müssen. Wir halten die Taste Sieben heruntergedrückt und geben dem Computer die Aufgabe 6 x 1 ein. Die Antwort ist falsch. Aber wir halten die Sieben weiterhin heruntergedrückt. Diese Maschine ist praktisch verrückt. Warum? Weil sie keine genauen Berechnungen durchführen wird, solange die Sieben heruntergedrückt bleibt. Wir lassen die Sieben jetzt los, geben der Maschine ein sehr umfangreiches Problem ein und erhalten eine richtige Antwort. Die Maschine ist jetzt geistig gesund – vernünftig. Sie gibt richtige Antworten. Wir schließen bei einem elektronischen Computer die Sieben kurz, sodass sie bei jeder Berechnung hinzugefügt wird, ganz gleich, welche Tasten gedrückt werden. Dann geben wir die Maschine einem Ladeninhaber. Er versucht sie zu benutzen und wirft sie in den Müll, weil sie keine richtigen Antworten geben will und weil er nichts über Störungssuche bei elektronischen Geräten weiß und sich auch gar nicht darum kümmert. Das Einzige, was er will, ist ein richtiges Rechenergebnis.

Nehmen wir an, dass der analytische Verstand Berechnungen durchführt – und dies halten wir nur so lange aufrecht, wie sich praktisch damit arbeiten lässt –, woher bekommt er dann eine heruntergedrückte Sieben, eine aufgezwungene, falsche Information?

Nun ist ein Computer nicht unbedingt mit seiner Gedächtnisbank identisch. Gedächtnisbanken können einem elektronischen Standardcomputer hinzugefügt und ebenso weggenommen werden. Wo suchen wir nach dem Fehler? Liegt er in der Gedächtnisbank?

Die Suche danach, was die Sieben heruntergedrückt hielt, erforderte eine ganze Menge harte Arbeit, Spekulationen und Mutmaßungen. Zusätzlich musste einige Arbeit in Bezug auf den Computer – den analytischen Verstand – geleistet werden. Und dann tauchte ein neuer, anscheinend großartiger Gedanke auf. Angenommen, wir würden den ganzen Computer als Dämon einrichten – als einen Dämon, der immer und ausnahmslos Recht hat. Bauen wir einen solchen Computer so in ein Gehirn ein, dass er etwas aus dem Körper hinausprojizieren kann, das dem Körper dann Befehle gibt. Machen wir aus dem Computer einen Schaltkreis, der vom Individuum unabhängig ist. Nun, Hypnose hat einen gewissen Nutzen. Sie ist manchmal ein gutes Werkzeug für die Forschung, auch wenn sie ein übler Hauptfaktor bei Aberrationen ist.

In dem Augenblick, als wir das taten, geschahen zwei Dinge. Der Computer konnte den Körper als eine „äußere Einheit" lenken und nach Belieben jegliche Daten von der Gedächtnisbank beziehen. *Die Sieben war nicht mehr heruntergedrückt.*

Dies war natürlich ein ungewöhnlicher Versuch. Ein solcher Dämon konnte nur in einer ausgezeichnet hypnotisierbaren Versuchsperson aufgebaut werden, und er konnte nur vorübergehend eingebaut werden.

Dieser künstliche Dämon wusste *alles.* Als die Versuchsperson wach war, konnte sie ihn hören. Die Erinnerungsfähigkeit des Dämons war vollkommen. Er lenkte die Versuchsperson auf bewundernswerte Weise. Er stellte Berechnungen an und bewegte dann die Hand der Versuchsperson – automatisches Schreiben[1] – und er tat Dinge, die die Versuchsperson selbst offensichtlich nicht tun konnte. Aber warum konnte er das? Wir hatten den Analysator von der aberrierten Versuchsperson künstlich abgespalten, indem wir einen neuen Umgehungsschaltkreis schufen, durch den sämtliche aberrierten Schaltkreise umgangen wurden. Dies wäre eine wunderbare Lösung gewesen, wenn nicht der Umstand eingetreten wäre, dass der Patient bald zu einem Sklaven des Dämons wurde und der Dämon nach einer Weile aus dem reichlichen Vorrat, den der Patient besaß, Aberrationen aufzunehmen begann. Aber der Versuch diente dazu, die Gedächtnisbanken zu testen.

Mit diesen Banken musste irgendetwas verkehrt sein. Alles andere war in Ordnung. Die Banken enthielten eine unendliche Anzahl von Daten, deren außerordentliche Vollständigkeit geradezu erschreckend war. Also folgte eine intensive, lange Suche nach einem Fehler in den Banken. Während eines Amnesie-Schlafes oder unter Narkosynthese konnten die Banken sehr gründlich untersucht werden. Durch automatisches Schreiben, durch

1. **automatisches Schreiben:** Schreiben, das von einer Person ohne bewusste Absicht und Bewusstsein durchgeführt wird und das angeregt wurde, um Kontakt mit dem Unterbewusstsein aufzunehmen und zensierte oder versteckte Daten aufzudecken.

Sprechen und durch Hellsehen[2] konnten sie weiter angezapft werden.

Dies war eine verrückte Methode, die Dinge in Angriff zu nehmen. Aber sobald wir einmal begonnen hatten, die Gedächtnisbanken zu untersuchen, kamen immer wieder so viele Daten zum Vorschein, dass wir damit fortfahren mussten.

Es ist an dieser Stelle kein Platz für eine Schilderung all dessen, was in der menschlichen Gedächtnisbank gefunden wurde – ihre Vollständigkeit, Exaktheit und minuziöse Genauigkeit oder ihr fantastisch kompliziertes, aber sehr kluges System der Einordnung anhand von Querbezügen. Es ist jedoch notwendig, eine Zusammenfassung einiger Hauptpunkte zu geben.

An erster Stelle enthalten die Banken eine vollständige und farbige Aufzeichnung der Sichtwahrnehmungen des gesamten Lebens einer Person, ungeachtet der „Dämonen"-Schaltkreise. Letztere sperren ab oder verfälschen. Sie ändern weder die Bank noch die Genauigkeit der Bank. Ein „schlechtes" Gedächtnis bedeutet ein verschleiertes Gedächtnis, während das Gedächtnis selbst vollständig ist. *Jede im Laufe eines Lebens empfangene Wahrnehmung ist in den Banken zu finden.* Alle Wahrnehmungen. Gut geordnet.

Erinnerungen werden chronologisch eingeordnet. Sie sind mit „Aufschriften" versehen, die Alter, Emotion und körperlichen Zustand angeben, und sie enthalten eine präzise und erschöpfende Aufzeichnung von allem, was anhand von organischer Empfindung, von Geruchs-, Geschmacks-, Tast-, Gehör- und Sehsinn wahrgenommen

2. **Hellsehen:** Schärfe geistiger Wahrnehmung, Klarer Einblick; Einblick in Dinge, die jenseits der Erscheinungsform gewöhnlicher Wahrnehmung liegen.

wurde, *plus* den Gedankengang des Analysators im Augenblick des Geschehens.

Es gibt in den Banken keine Ungenauigkeiten. Natürlich können Ungenauigkeiten durch chirurgische Behandlung oder Verletzung verursacht werden, bei der wirklich Teile entfernt werden. Elektroschocks und andere psychiatrische Bemühungen sind fragwürdig. Präfrontale Lobotomie ist eine so sichere und vollständige Ermordung des Verstandes, dass hinterher nur noch eines gewiss sein wird – dass der Patient ein völliges Zombie-Dasein führt.

Jedenfalls sind bei jedem Menschen, an dem nicht organisch herumgepfuscht worden ist, die Gedächtnisbanken so fantastisch vollständig und – hinter den Umgehungsschaltkreisen – derart gut geordnet, dass ich es fast nicht begreifen konnte. Nun gut, es gab da also etwas zwischen den Banken und dem Analysator. Es musste da etwas geben. Die Banken waren vollständig. Die Schaltkreise waren intakt. In allen organisch gesunden Patienten – das schließt sämtliche Patienten mit psychosomatischen Krankheiten ein – war die Grundpersönlichkeit offenbar intakt, und die Banken waren ebenfalls intakt. Aber irgendwie war die Synchronisation zwischen den Banken und dem Analysator nicht in Ordnung.

Schauen wir uns die Sache noch einmal an. Hier haben wir ein Problem für die Ingenieurwissenschaften. Bis jetzt ließ es sich mit der Denkweise und den Berechnungen der Ingenieurwissenschaften sehr erfolgreich angehen. Anscheinend führt dieser Weg ans Ziel. Aber schauen wir uns einmal Freud an. Es gibt da seine „Zensur“[3].

Untersuchen wir, ob es zwischen den Banken und dem Analysator eine Zensur gibt.

Diese Idee erwies sich jedoch sehr schnell als unbrauchbar. Die Zensur ist eine Zusammensetzung von Umgehungsschaltkreisen und ist für ein menschliches Wesen etwa so natürlich und notwendig wie ein fünftes Rad am Wagen. Es gibt keine Zensur. Geschah mir recht für den Versuch, mich auf eine „Autorität" zu verlassen. Wenn es nach den Autoritäten ginge, wäre etwas schon richtig, wenn man es buchstabieren kann. Aus dem Gesichtswinkel eines Ingenieurs dagegen ist etwas, das nicht in irgendeiner Weise gefunden oder gemessen werden kann, wahrscheinlich nicht vorhanden.

Ich überprüfte die Gedächtnisbanken noch einmal. Wie entzog ich ihnen die Daten? Bei manchen Personen benutzte ich automatisches Schreiben, bei anderen einen Umgehungsschaltkreis, bei noch anderen direkte Regression[4] und Revivifikation[5] nach dem althergebrachten Hinduprinzip[6]. Ich begann mit dem Versuch, die Arten von Daten zu klassifizieren, die ich mit jeder einzelnen Erinnerungsmethode erhielt. Plötzlich wurde das Problem verständlich. Durch automatisches Schreiben erhielt

3. **Zensur:** (in der frühen Freudschen Traum-Therapie) die Kraft, die Ideen, Impulse und Gefühle verdrängte und verhinderte, dass sie in ihren ursprünglichen unmaskierten Formen ins Bewusstsein kamen.

4. **Regression:** eine Technik, wobei ein Teil des Selbst der Person in der Gegenwart blieb und ein Teil zur Vergangenheit zurückkehrte.

5. **Revivifikation:** das Wiedererleben eines Geschehnisses oder eines Teils davon, als ob es jetzt gerade geschehen würde.

6. **althergebrachtes Hinduprinzip:** bezieht sich auf die Regressions- und Revivifikationstechniken, die seit Tausenden von Jahren in Asien verwendet werden. Im Gegensatz zu neueren westlichen Lehren, die eine Regression nur bei Personen in Trance oder unter Hypnose für möglich hielten, erkannte man in Asien, dass diese Fähigkeit der völlig wachen Person innewohnt.

ich Daten, die dem Analysator nicht zugänglich waren. Durch Umgehen erhielt ich Daten, die auf andere Weise nicht erhältlich waren. Durch Regression und Wiedererleben erhielt ich Material, das nur ein wenig besser war als das, woran sich eine in Trance versetzte Versuchsperson erinnern konnte. Die Daten, die ich überprüfen konnte, stellten sich bei jeder dieser Methoden als ausnahmslos genau heraus. Was war der Unterschied zwischen Daten, die aus automatischem Schreiben stammten, und Daten aus einer einfachen Trance?

Ich nahm die automatischen Daten eines Patienten und ließ ihn in die betreffende Periode zurückkehren. Er konnte sich nicht an sie erinnern. Die Daten betrafen ein gebrochenes Bein und ein Krankenhaus. Ich musste all meine Überzeugungskraft aufbieten, um ihn in das Geschehnis zu stoßen.

Der Patient erlebte einen sehr scharfen Schmerz in der Gegend des alten Bruches.

Dieses Verfahren war etwas völlig anderes als Hypnoanalyse. Es war ein Bemühen, etwas zu finden, was zwischen den Gedächtnisbanken und dem Analysator lag, nicht ein Bemühen, „traumatische Erlebnisse" zu erleichtern.

Und hier lag die Antwort. Warum nicht? Sehr einfach. Seit 1938 hatte sie die ganze Zeit dagesessen und mich angestarrt. Diese verfluchten zwei Meter breiten Rückspiegel! Ich hatte sogar ein Gesetz darüber aufgestellt.

Die Funktion des Verstandes schloss das Vermeiden von Schmerz ein. Schmerz ist Nicht-Überleben. Vermeiden Sie ihn!

Und das ist sie – die Methode, die Sieben heruntergedrückt zu halten! Man kann sie durch physischen Schmerz heruntergedrückt halten! Die äußere Welt gelangt in den Menschen hinein und wird zur Gedächtnisbank. Der Analysator benutzt die Gedächtnisbank. Der Analysator benutzt die äußere Welt. Der Analysator ist gefangen zwischen der äußeren Welt von gestern, die sich jetzt im Inneren befindet, und der äußeren Welt von heute und morgen, die sich noch draußen befindet.

Ist es vielleicht einfach so, dass der Analysator seine Daten durch einen einzigen Wahrnehmungsschaltkreis erhält? Kann es sein, dass dieser Wahrnehmungsschaltkreis sowohl die Informationen von gestern als auch die von heute leitet? Wie das auch immer vor sich gehen mag, eines ist sicher: Der Analysator verhält sich, was die Vermeidung von Schmerz betrifft, gegenüber der gestrigen, inneren Welt in der gleichen Weise wie gegenüber der heutigen, äußeren Welt. Das Gesetz wirkt in beiden Richtungen.

Der Analysator meidet den Schmerz von gestern ebenso wie den Schmerz von heute. Das ist an sich vernünftig. Wenn man in der Umgebung von heute den Schmerz von gestern meidet, hat man eine weitaus größere Chance zu überleben. Tatsächlich ... Sie müssen aber sehen, dass zu diesem Problem mehr gehört als nur das. Wenn der Analysator ein klares Bild des Schmerzes von gestern besäße, könnte er ihn heute besser vermeiden. Das wäre gutes Funktionieren.

Das war die „Schwäche“ in der Maschine. Aber es war eine ausgesprochen notwendige „Schwäche“. Dass ein Organismus für das Überleben gebaut, für das Überleben

„Und das ist sie – die Methode, die Sieben heruntergedrückt zu halten! Man kann sie durch physischen Schmerz heruntergedrückt halten! Die äußere Welt gelangt in den Menschen hinein und wird zur Gedächtnisbank."

gestaltet und zum Überleben bestimmt ist, bedeutet nicht, dass er automatisch auch vollkommen sein wird.

Aber der Analysator *war* vollkommen.

Die Banken waren vollkommen.

Der Analysator würde einfach niemals die Irrationalitäten der äußeren Welt nach innen lassen, solange er es verhindern könnte.

Solange er es verhindern könnte!

Kapitel Neun

Der Übeltäter

KAPITEL NEUN

DER ÜBELTÄTER

ICH SUCHTE NUN NACH DEM Übeltäter. Eine Zeit lang wurde er nicht gefunden. Viele Experimente wurden durchgeführt. Es wurde bei mehreren Patienten der Versuch unternommen, sie gesund zu machen, indem einfach die Wand aus Schmerz, die der Analysator „zu meiden suchte", durchbrochen wurde. Viele schmerzhafte Geschehnisse, die eine Unzahl geistiger und körperlicher Qualen enthielten, wurden aufgebrochen, ohne dass große Erleichterung erreicht wurde. Die Patienten fielen wieder in ihren alten Zustand zurück.

Dann wurde entdeckt, dass es einem Patienten etwas besser ging, wenn er durch einen Zeitabschnitt gestoßen wurde, in dem er „bewusstlos" gewesen war. Weiterhin wurde entdeckt, dass diese Zeitabschnitte von „Bewusstlosigkeit" Zeitabschnitten einer durch Schmerz wirksam gemachten Hypnose sehr ähnlich waren. Der Patient reagierte, als ob der „Zeitabschnitt der Bewusstlosigkeit" eine posthypnotische Suggestion gewesen wäre!

Aus dieser Versuchsreihe wurde eine grundlegende Information gewonnen. Wenn man den Schmerz und die „Bewusstlosigkeit" lindert, verliert das Geschehnis seine suggestive Kraft. Es musste nicht sein, dass dieser „Zeitabschnitt der Bewusstlosigkeit" der Versuchsperson irgendwelchen hypnotischen Hokuspokus enthielt. Jeder aufgenommene Wahrnehmungseindruck hatte aber die Tendenz, die Person zu aberrieren.

Ich hatte bis dahin nicht erkannt, dass ich einer bisher unbeachteten Zwischenstufe der menschlichen Evolution nachjagte. Wenn er einst eine Kaulquappe gewesen ist, dann hat er niemals irgendeinen der Teile verloren, durch die er in seiner Evolution gegangen ist. Wie denkt ein Fisch?

Schauen wir uns einmal an, wie ein Fisch auf Schmerz reagieren würde. Er schwimmt in gelblichem Brackwasser über grünem Grund und nimmt den Geschmack von Krabben wahr. Ein großer Fisch versetzt ihm einen schweren Schlag, tötet ihn aber nicht. Unser Fisch lebt weiter und kommt eines Tages zurück. Dieses Mal schwimmt er in einen Brackwasserbereich mit schwarzem Grund. Er wird etwas nervös. Dann nimmt das Wasser eine gelbliche Färbung an. Der Fisch wird jetzt sehr, sehr wachsam. Er treibt noch ein Stückchen weiter und gelangt über grünen Grund. Dann nimmt er den Geschmack von Krabben wahr und schwimmt augenblicklich mit höchster Geschwindigkeit davon.

Was wäre, wenn der Mensch noch immer die Reaktionen der niederen Organismen besäße? Den Experimenten nach schien es so zu sein. Betäuben Sie einen Menschen mit Äther[1] und verletzen Sie ihn. Wenn er dann später

1. **Äther:** eine farblose Flüssigkeit, die einen aromatischen Geruch und einen süßen, brennenden Geschmack besitzt; sie wurde früher als Anästhetikum zum Inhalieren verwendet.

auch nur einen Hauch von Äther riecht, wird er nervös. Beginnen Sie, ihn bewusstlos zu machen, und er wird anfangen zu kämpfen. Alle anderen Experimente führten zur gleichen Schlussfolgerung.

Die Reaktionen der niederen Organismen können ganz genau und in vorhersagbarer Weise bestimmt werden. Pawlowsche Hunde. Alle Hunde, die Sie je abgerichtet haben. Der Hund mag auch so etwas wie einen Analysator haben, aber er ist ein Tier, das auf Knopfdruck[2] reagiert. Und der Mensch auch. Ach ja, der Mensch auch. Sie wissen schon, genau wie die Ratten.

Nur stimmt das *nicht!* Der Mensch hat eine umfassende Entscheidungsfreiheit. Wenn Sie diese Freiheit beeinträchtigen, werden sich Schwierigkeiten zusammenbrauen. Wenn Sie ihn genügend aberrieren, wird er zu einem Wesen mit einem unvorhersagbaren Knopfdruckverhalten. Sie können ihn, wenn Sie ihm mit einem Messer das Gehirn herausschneiden, dazu abrichten, „Wau-Wau" zu sagen, wenn er essen will. Dann schneiden Sie aber lieber ziemlich gut, damit Sie auch stets ein gutes, zufriedenstellendes „Wau-Wau" kriegen!

Was geschieht, wenn ein Mensch bewusstlos geschlagen wird? Er „ist nicht da". *Aber sämtliche Gedächtnisaufzeichnungen dieses Zeitabschnittes sind da.* Was geschieht, wenn Sie einen Menschen halb bewusstlos schlagen? Er führt seltsame, automatische Handlungen durch. Was geschieht, wenn sein Analysator so aberriert ist, dass ... he! Warten Sie! Wie würden Sie einen guten,

2. **Knopfdruck:** Reizreaktion. Von der Handlung, einen Knopf zu drücken, der auf mechanische und vorhersagbare Weise einen elektrischen Schaltkreis öffnet oder schließt, wie z.B. eine Türklingel.

empfindlichen Analysator bauen? Würden Sie ihn jedem Schock aussetzen? Sicher nicht! Sie würden eine Sicherung[3] einbauen, damit er unbeschädigt bleibt und später weiterdenken kann. Welche Art von Reaktion braucht man in einer Notsituation? Eine automatische Reaktion!

Ofen heiß, Hand auf Ofen, Hand zurückziehen. Überlegt man dabei? Bestimmt nicht. Was zog die Hand zurück? Der Analysator? Nein. Was geschah während des Schocks einen Augenblick lang mit dem Analysator? Der Analysator verlässt den Schaltkreis und überlässt die volle Aufsicht einem mechanischen Lenker! Einem guten, schnellen Lenker, der mittels Gleichheiten denkt.

Der Analysator denkt nicht in Gleichheiten. Er denkt in Unterschieden und Ähnlichkeiten. Wenn er seine Fähigkeit zu unterscheiden verlieren und mittels Gleichheiten denken würde ... Aber nein, das tut er niemals. Das ist Verrücktheit, und der Analysator wird *nicht* verrückt. Aber es gibt hier irgendwo etwas, das mittels Gleichheiten denkt. Sie beginnen mit einer Versuchsperson zu arbeiten und finden heraus: Hackfleisch ist gleich Schnee ist gleich ein Schmerz im Knie ... Das ist Denken in Gleichheiten.

Wir wissen an dieser Stelle nicht, was mit dem Analysator wirklich geschieht. Aber wir wissen, dass wir etwas gefunden haben, das zwischen die Banken und den Computer eingeschoben ist. Etwas, das mittels Gleichheiten denkt, das während Momenten großer Belastung

3. **Sicherung:** *(im übertragenen Sinne)* eine Vorrichtung, die installiert wird, um gegen Schock, Überladung usw. zu schützen. Aus dem Gebiet der Elektrizität, wobei ein Streifen leicht schmelzenden Metalls in einen Schaltkreis eingebaut wird, der schmilzt (oder „durchbrennt") und somit den Stromfluss unterbricht, um Schaden vorzubeugen, wenn der elektrische Strom eine bestimmte Sicherheitsstufe überschreitet.

Wie würden Sie einen guten, empfindlichen Analysator bauen? Würden Sie ihn jedem Schock aussetzen? Sicher nicht! Sie würden eine Sicherung einbauen, damit er unbeschädigt bleibt und später weiterdenken kann.

vor vernünftigem Denken Vorrang hat und das man jedes Mal finden kann, wenn man einen Menschen in einige vergangene Momente von Bewusstlosigkeit hineinschickt.

Wir wissen jetzt, was dieses Etwas tut. Es übernimmt das Kommando, wenn sich der Analysator außerhalb des Schaltkreises befindet. Es ist für uns unwichtig, ob es sich hier um den Verstand des alten Typs handelt, den der Mensch nicht ablegte, während er zur Stufe des bewussten Empfindens aufstieg, indem er einen Analysator entwickelte. Es interessiert uns hier ebenfalls nicht, ob es sich um eine strukturelle Einheit einer Kombination von „Zeitabschnitten der Bewusstlosigkeit" handelt oder nicht. Wir beschäftigen uns mit der Funktion, und wir wollen Antworten, die immer richtige Ergebnisse liefern.

Nennen wir dieses Etwas den *reaktiven Verstand.* Es ist ein Verstand, der so konstruiert ist, dass er in Augenblicken sehr großen körperlichen Schmerzes arbeiten kann. Er ist robust. Er arbeitet, bis der Mensch nur noch um Haaresbreite vom Tod entfernt ist. Es ist vielleicht nahezu unmöglich, einen scharfen, bewusst empfindenden Verstand zu erschaffen, der auch unter den fürchterlichen Umständen der Agonie funktionieren würde – wo wir den reaktiven Verstand in Tätigkeit sehen. Der reaktive Verstand ist vielleicht ... nun, das ist Struktur. Wir betrachten hier seine Funktion.

Der reaktive Verstand denkt in Gleichheiten. Er ist ein Reiz-Reaktions-Verstand. Seine Handlungen sind von außen bestimmt. Er hat keine Entscheidungsfreiheit. Während Momenten körperlichen Schmerzes schiebt er, in einer Bemühung, den Organismus zu retten, Daten über körperlichen Schmerz in den Vordergrund. Solange seinen Befehlen und Kommandos Gehorsam geleistet wird, hält er den körperlichen Schmerz zurück. Sobald der Organismus gegen die Befehle des reaktiven Verstandes zu handeln beginnt, bekommt er den Schmerz zu spüren.

Wenn der Fisch es unterlassen hätte, davonzuschwimmen, als er sich in einer Gefahrenzone befand, in der er angegriffen worden war, wäre er durch den rohen Mechanismus der Restimulation[4] des Schmerzes zum Fortschwimmen gezwungen worden. Nicht-Schwimmen ist gleich Schmerz in der Seite. Schwimmen ist gleich „alles in Ordnung".

Der Analysator lässt, wie jede gute Maschine, seine Sicherungen durchbrennen, wenn sein empfindlicher Mechanismus in Gefahr ist, durch Überbelastung zerstört zu werden. Das ist Überleben. Der reaktive Verstand springt ein, wenn der Analysator ausgeschaltet ist. Das ist Überleben.

Aber irgendetwas muss dabei verkehrt laufen. Dies war ein ziemlich gutes Schema. Aber es funktionierte nicht immer.

Oder es funktionierte zu gut.

So wurden die reaktive Gedächtnisbank und ihr gesamter Inhalt entdeckt, die *Engramme* und ihre *Locks*[5]. Ein Engramm ist einfach ein Zeitabschnitt von körperlichem

4. **Restimulation:** ein Zustand, bei dem man sich dem Inhalt der reaktiven Bank annähert oder ein Teil davon in der Gegenwart des Organismus wahrgenommen wird.
5. **Lock:** eine Situation geistiger Qual. Seine Kraft hängt vom Engramm ab, an dem es hängt. Das Lock ist dem Analysator irgendwie bekannt. Es ist ein Moment starker Restimulation eines Engramms.

Schmerz, während der Analysator nicht im Schaltkreis ist und dem Organismus etwas widerfährt, von dem er glaubt, dass es gegen sein Überleben gerichtet ist, oder das tatsächlich gegen sein Überleben gerichtet ist. Ein Engramm wird nur bei Abwesenheit des analytischen Vermögens empfangen.

Wenn der Analysator nicht im Schaltkreis ist, können Daten, die äußersten Vorrang haben, ohne Auswertung durch den Analysator in die Gedächtnisbank gelangen. Dort werden sie Bestandteil der Notfall-Bank. Dies ist eine mit rotem Signallicht ausgestattete Bank, der reaktive Verstand, zusammengesetzt aus äußerst vorrangigen, gefährlichen Situationen, die der Organismus erlebt hat. Diese Bank ist die einzige Informationsquelle des reaktiven Verstandes. Der reaktive Verstand denkt mit dieser Bank mit rotem Signallicht in Gleichheiten. Solange sich der Analysator *vollständig* im Schaltkreis befindet, hat die mit rotem Signallicht ausgestattete Bank keinerlei Einfluss. Ist der Analysator teilweise aus dem Schaltkreis heraus – wie bei Müdigkeit, Trunkenheit oder Krankheit –, kann sich ein Teil dieser Bank einschalten.

Wir wollen „Bewusstlosigkeit“ mit einem neuen Wort bezeichnen: *Anaten* (von engl. analytical attenuation = Verminderung der analytischen Denkfähigkeit). Es gibt stärkeres oder schwächeres Anaten. Ein Mensch bekommt eine Äthernarkose. Anaten tritt ein. Er erhält einen Kinnhaken, und Anaten tritt ein.

Was enthält nun ein Engramm? Die klinische Untersuchung dieses Gegenstandes unseres Interesses zeigt, dass das Engramm aus Anaten, Zeit, körperlichem Alter, Emotion, körperlichem Schmerz und sämtlichen Wahrnehmungen in ihrer Abfolge besteht. Wörter, Bilder, Gerüche usw., alles, was da war.

Wir mussten hier eine neue Teilwissenschaft schaffen, um in der richtigen Weise über Engramme nachzudenken. Es ist die Wissenschaft der Wahrnehmungseindrücke. Kennen Sie die allgemeine Semantik[6]? Nun, wir benutzen denselben Aufbau, erfassen jedoch sämtliche Wahrnehmungen und zeigen, wo die Bedeutung einer jeden Wahrnehmung ihren Ursprung hat und warum der Mensch nicht mit Leichtigkeit und Gewissheit Unterschiede erkennen kann, solange er Engramme hat.

Was ich beim automatischen Schreiben erhielt, stammte direkt aus Engrammen. Automatisches Schreiben und Umgehungsschaltkreise brachten Daten ans Licht, die während eines Anatens aufgenommen worden waren – Engramme. Und dann entdeckte ich, dass diese Engramme eine besondere Fähigkeit hatten. Sie konnten ihre eigenen Schaltkreise schaffen, wobei sie auf parasitäre Weise die Wirtsschaltkreise benutzten.

Hier ist ein Beispiel dafür, wie ein Engramm erzeugt werden kann: Heidi, Alter zwei Jahre, wird durch einen Hund zu Boden geworfen und wird dabei bewusstlos, der Hund beißt sie. Inhalt des Engramms: Anaten; Alter 2 Jahre (körperliche Struktur); Geruch der Umgebung und des Hundes; Anblick des Hundes, der aufgesperrten Kiefer und der weißen Zähne; organische

6. **allgemeine Semantik:** eine hoch organisierte philosophische Herangehensweise an die Sprache, die von Alfred Korzybski (1879–1950) entwickelt wurde. Sie strebte danach, eine wissenschaftliche Grundlage für ein klares Verstehen des Unterschieds zwischen Wörtern und der Realität und den Arten zu bilden, in denen Wörter selbst die Fähigkeit des Menschen zu verstehen, beeinflussen können.

Schmerzempfindung im Hinterkopf (Aufschlag auf die Straße); Schmerz im Gesäß; Hundebiss in die Wange; Tastempfindung des Hundefells, von Beton (Ellbogen auf der Straße) und von heißem Hundeatem; Emotion; körperlicher Schmerz plus Reaktion der inneren Drüsen; Hörwahrnehmung des Hundeknurrens und eines vorbeifahrenden Autos.

Heidi tut Folgendes mit dem Engramm: Sie „erinnert" sich nicht an das Geschehnis, aber sie spielt manchmal, sie sei ein Hund, der Leute anspringt und sie beißt. Sonst zeigt sie keine Reaktion. Dann gibt es, als sie zehn Jahre alt ist, ähnliche Umstände; diesmal tritt zwar kein schweres Anaten ein, aber das Engramm wird restimuliert. Von da an hat sie Kopfschmerzen, wenn Hunde bellen oder Autos vorbeifahren, die wie *jenes* Auto klingen; sie reagiert aber nur auf das Engramm, wenn sie schon ermüdet oder anderweitig mitgenommen ist. Das Engramm war zunächst untätig – sein Inhalt waren wartende, bereitliegende Daten. Dann wurde es *eingekeyt*[7] – was ein wichtiger Punkt ist. Danach wurde es jedes Mal restimuliert, wenn irgendeine Kombination der in ihm enthaltenen Wahrnehmungseindrücke zu einer Zeit auftauchte, als Heidi sich in einem Zustand leichten Anatens befand (z.B. müde war). Als sie vierzig Jahre alt war, reagierte sie noch immer auf die gleiche Weise und hatte noch immer nicht das geringste bewusste Verstehen der wirklichen Ursache!

7. **eingekeyt:** (engl. „Key" bedeutet „Schlüssel") wörtlich ist ein Schlüssel ein kleiner Handgegenstand zum Öffnen, Schließen oder Umschalten von elektronischen Kontakten. „Eingekeyt" wird hier verwendet, um ein ruhendes Engramm zu bezeichnen, das in Gang kam und jetzt in den Schaltkreisen aktiv ist.

Überlegen wir uns nun einmal, was geschehen wäre, wenn Heidis Mutter etwas wirklich Ausgesuchtes gerufen hätte, engrammatisch gesprochen: „Bleib ruhig! Bleib ruhig! O mein Liebling, es ist doch immer dasselbe. Geh weg! Geh weg!" Etwas, das Mama sich als passende Sache aufgehoben hat, um es zu tun und zu sagen, engrammatisch, wenn Hunde Töchter beißen.

Wir haben hier etwas, das einer posthypnotischen Suggestion gleichkommt: *Denken in Gleichheiten* (Gleichsetzendes Denken). Jeder Wahrnehmungseindruck ist gleich jedem Wort ist gleich einem Hund ist gleich Mama ist gleich „Geh weg" usw. usw. usw., und alles gleicht allem und entspricht jedem von allem. Kein Wunder, dass ein Verrückter unberechenbar war! Das ist Unvernunft in höchster Vollendung. Diese Berechnungsweise des *gleichsetzenden* Denkens gibt tatsächlich keinen Sinn. Aber es sind Überlebensdaten, und man tut besser daran, ihnen zu gehorchen, andernfalls wird die Wange wehtun, der Kopf wird schmerzen, und die Ellbogen werden eine chronische „Hautentzündung" bekommen.

Erinnern Sie sich aber daran, dass das Engramm ebenfalls, als ein Etikett, Anaten enthielt – den genauen Grad des Anatens, der während jenes Augenblickes da war. Der Analysator ist ein Präzisionsinstrument, aber offensichtlich ist er auch ein körperliches Organ, wahrscheinlich die präfrontalen Gehirnlappen, und zu organischer Empfindung gehören verschiedene Dinge. Restimulation führt die folgende Situation herbei: „Analysator abgeschaltet." „Reaktiver Verstand an die Zellen: Rotes Signallicht – Hund in Sicht. Analysator abschalten. Dies ist eine vorrangige Situation. Ende."

Das durch die Restimulation bewirkte Ausmaß des Anatens ist viel geringer als das im Engramm aufgezeichnete, ursprüngliche Anaten. Aber es reicht aus, um die Aktivität des Analysators zu schwächen, was auf eine Verminderung der geistigen Gesundheit hinausläuft. Die Person hat lediglich häufig ein Gefühl stumpfsinniger, benommener geistiger Verwirrung, eine Art dumpfe, unbegründete und nicht identifizierte Emotion, die das Denken zu betäuben scheint. Und damit haben Sie's! Wir haben also eine Situation, die einer Knopfdruck-Bestimmung zu ähneln beginnt. Das Engramm, das bereits einmal restimuliert worden ist, kann, wenn die Person sich in einem Zustand leichten Anatens befindet – ermüdet, krank oder schläfrig ist –, auf Knopfdruck reaktiviert werden. Gebrauchen Sie gegenüber einer Person, die sich in leichtem Anaten befindet, das Schlüsselwort, das in einem ihrer Engramme enthalten ist, und es kann sein, dass Sie eine der Reaktionen aus diesem Engramm beobachten. Wenn Sie den Knopf gründlich genug drücken, können Sie eine volle Dramatisation bewirken – die Person wird die ursprüngliche Situation *erneut spielen!*

Das ist also die mit einem roten Signallicht ausgestattete „Gedächtnis"-Bank des reaktiven Verstandes. Die Entdeckung dieser Bank ist eine der Neuentdeckungen der Dianetik. Vieles, was es in der Dianetik gibt, kann in alten philosophischen Schulen oder modernen Praktiken gefunden werden, wenn auch schlecht ausgewertet. Es bleiben jedoch einige völlig neue Aspekte, die sich in keinem früheren Wissenszweig finden lassen. Diese reaktive Bank ist eine ganz besondere Sache und ist von den analytischen Banken in ihrer Zusammensetzung, ihrem

Inhalt und ihrem Schaltkreis völlig verschieden – denn bewusste Banken enthalten Daten, an die man sich „erinnern“ kann.

Der Grund, warum diese Bank nie zuvor entdeckt wurde, ist nicht schwer zu finden. Der Inhalt der mit rotem Signallicht ausgestatteten Bank wurde eingepflanzt, als der Analysator aus dem Schaltkreis heraus war – bewusstlos. Dieser Inhalt befindet sich also viele Schichten unterhalb der Bewusstseinsebene in der Betäubung eines Geschehnisses, in dem die Person durch Aufprall oder Verletzung bewusstlos gemacht wurde. Wenn man versuchte durch Hypnose oder Narkosynthese mit dieser Bank in Verbindung zu treten, hatte man einen Patienten vor sich, der einfach bewusstlos aussah und auf nichts reagierte. Da Narkosynthese und Hypnose beide einen Beigeschmack von Schlaf haben, verursachte der tiefere Schlaf der Gesamtheit aller vergangenen Perioden von Bewusstlosigkeit völlige Empfindungslosigkeit des Patienten, auch wenn man direkt mit der reaktiven Bank in Kontakt kam. Daher blieb diese Bank unbekannt und verborgen. Und das ist eine traurige Angelegenheit, denn wenn man über diese Bank nicht Bescheid weiß, bleibt das ganze Problem der Unvollkommenheit des Menschen, seiner Geisteskrankheit, seiner Kriege und seines Unglücklichseins ungelöst oder wandert in die Akten eines Schamanen oder Neurochirurgen. Sehr viel allgemeiner kann man sagen, dass die Verborgenheit dieser Bank für das unvernünftige Verhalten der gesamten Menschheit verantwortlich ist. Und wie viele Menschenleben hat das in den letzten viertausend Jahren gekostet?

Diese Bank ist von ganz eigentümlicher Art. Es ist die *einzige* Bank im Verstand des Menschen, aus der irgendetwas entfernt werden kann. Ihr Inhalt besteht aus nichts anderem als Schmerz und Bewusstlosigkeit. Und nur körperlicher Schmerz kann aus dem Verstand entfernt werden. Würden Sie nicht auch sagen, dass dies eine Bank von ganz eigentümlicher Art ist? Hier ist sie, mit ihren Speichern voll von höchstwichtigen, aber falschen Überlebensdaten. Hier ist sie – voller Erlebnisse, die aufgrund der Art, wie sie eingeordnet sind, einen Menschen zum Selbstmord oder in anderen Wahnsinn treiben können. Hier ist sie – mit ihren Erinnerungen, die alle bereit sind, sich in die motorischen Kontrollen des Körpers einzuschalten, bereit, ohne die Erlaubnis des bewusst empfindenden Analysators einen Menschen dazu zu bringen, wahnsinnig zu rennen, bis er an Herzversagen stirbt. Die reaktive Bank ist imstande, die perfekte Struktur des menschlichen Körpers in ein alptraumhaftes Geschöpf mit einem fötusähnlichen Gesicht und abgezehrten oder nicht entwickelten Gliedern zu verwandeln. Die reaktive Bank ist bereit, alle nur denkbaren körperlichen Krankheiten hervorzurufen oder den Körper zumindest dafür anfällig zu machen, vielleicht sogar für Krebs. Die reaktive Bank füllt Krankenhäuser, Nervenheilanstalten und Gefängnisse. Und doch ist sie der einzige Teil des menschlichen Gedächtnisses, der abgeändert und umgewandelt werden kann!

Wenn die einzige „Erinnerung“, die man abbauen kann, Erinnerung an Schmerz ist, welchen Wert haben dann noch einige der alten Philosophien?

Sie können jede erdenkliche Technik, an einer angenehmen oder auch nur flüchtigen Erinnerung, in einer der bewussten Banken erproben. Eine solche Erinnerung wird genau da bleiben, wo sie ist, unauslöschlich, insbesondere, wenn es eine angenehme Erinnerung ist. Eine „Erinnerung" in der mit rotem Signallicht ausgestatteten Bank jedoch wird, wenn sie mit der dianetischen Technik richtig angegangen wird, vollständig aus dieser Bank verschwinden. Sie ordnet sich als eine Erinnerung in den Banken auf der bewussten Ebene neu ein und ist als solche übrigens ungeheuer schwer ausfindig zu machen – wie etwa eine Erinnerung daran, was Sie im Alter von zwei Jahren am zweiten Juni zu Abend gegessen haben. Und wenn man sie findet, trägt sie ein Schild mit der Aufschrift „Als Nicht-Überlebens-Information erkannt; diese oder ähnliche Informationen dürfen nicht in eine grundlegende Berechnung aufgenommen werden". Und wenn man eine dieser unbewussten „Erinnerungen" behandelt, erzeugt sie hinterher etwa die gleiche emotionale Reaktion wie ein leicht amüsanter Witz.

Die mit rotem Signallicht ausgestattete Bank konnte die Errichtung von Schaltkreisen verursachen, die sich so anhörten und die so aussahen wie Dämonen. Sie konnte die bewusste Bank teilweise oder so vollständig absperren, dass es schien, als habe es keine Vergangenheit gegeben. Sie konnte eine Person herumkommandieren und ihr Befehle geben, so wie ein Schwachsinniger Kontrolle über einen Roboter ausüben konnte. Und doch kann sie ausgelöscht werden. Ihre Kraft kann vermindert und ihr Inhalt neu eingeordnet werden, woraufhin die Überlebenschancen eines Menschen stark ansteigen.

Ihr gesamter Inhalt ist überlebensfeindlich. Wenn er verschwunden ist, steigt das Überleben nachweislich an – und damit meinen wir, was wir sagen. Die Tatsache kann in einem klinischen Laboratorium durch ein Experiment bewiesen werden, das von derselben Art ist wie eine Untersuchung, ob etwas Wasser ist oder nicht.

Angenehme Erinnerungen können mit verschiedenen Techniken angegriffen werden. Aber sie sind fest. Sie werden sich nicht von der Stelle rühren. Ordnen Sie die reaktiven Erinnerungen neu ein, und das gesamte bewusste Leben eines Menschen kommt plötzlich in Sicht, strahlend und klar, unbeeinflusst von den Umgehungsschaltkreisen, die Geisteskrankheit ausmachen. Wenn man die reaktive Bank reduziert, kommt der optimale Verstand der Person in Sicht. Die reaktive Bank war weder die Triebkraft noch die Persönlichkeit des Individuums – diese sind unauslöschlich und dem Individuum innewohnend.

Und noch etwas geschieht. Anscheinend stehen die Umgehungsschaltkreise und die reaktive Bank nur zwischen den bewussten Banken und dem Analysator. Sie stehen zum Beispiel nicht zwischen dem Ohr und dem Speicher für Töne und Klänge in der bewussten Bank, dem Auge und dem Speicher für Sichtwahrnehmungen, usw. Dies ist schon für sich genommen eine sehr wichtige Entdeckung, denn es bedeutet, dass zum Beispiel eine Aberration, die zur Unfähigkeit zu hören führt, nicht verhindert, dass sämtliche im normalen Hörbereich liegenden Töne gespeichert werden; und eine Aberration, die zu Farbenblindheit führt, verhindert nicht die Speicherung sämtlicher Farbwahrnehmungen. Entfernen Sie den reaktiven Schaltkreis, der scheinbar die Beobachtungen verhinderte, und der Analysator findet sich im Besitz ganzer Banken voller Material, von dem er niemals wusste – alles mit dem richtigen Klang, der richtigen Farbe und den anderen Wahrnehmungen.

Ein Beispiel: Ein Mann, der glaubt, dass die ganze Welt hässlich und schmutzig sei, durchläuft dianetische Therapie. Die Aberration, die die Welt hässlich und schmutzig erscheinen ließ, bricht zusammen, sobald das Engramm oder die Engramme, die diese Aberration bewirkten, in ihrer Intensität vermindert und neu eingeordnet werden. Der Umgehungsschaltkreis, dessen Errichtung von diesen Engrammen verursacht wurde, verhinderte *nicht,* dass alle Wahrnehmungen aus sämtlichen Sinneskanälen vollständig und exakt aufgezeichnet wurden. Sobald dem Analysator der Zutritt zu diesen Speichern ermöglicht wird, entdeckt die Person daher, dass sie unzählige angenehme Erfahrungen hat, die ihr damals, als sie sie machte, hässlich und schmutzig vorkamen, jetzt aber hell und strahlend sind.

Das führt uns zu der Annahme eines anderen Umstandes, der interessant, aber nicht entscheidend für die Dianetik ist. Die Erinnerungen, mit denen die Standard-Gedächtnisbanken des Verstandes gefüllt sind, sind offensichtlich keine Einheiten, die über das Individuum gegen seinen Willen bestimmen können. Die Standard-Gedächtnisbanken werden nicht automatisch restimuliert, wenn in der Umgebung Dinge wahrgenommen werden, die sie anregen. Sie sind keineswegs auf beständiger Grundlage in den Hauptschaltkreis eingeschaltet. Sie sind mit Schlussfolgerungen gefüllt, und der

Analysator kann die alten Schlussfolgerungen aufgreifen oder neue erschaffen, die die alten ändern. Mit anderen Worten, *die Standard-Bank steht unter dem Befehl des Analysators und des Individuums; das Individuum steht nicht unter dem Befehl der Standard-Banken.*

Kurz gesagt, so etwas wie Konditionierung gibt es nicht. Bei Ratten, Hunden und Katzen mag Konditionierung funktionieren. Ihr Denken und Handeln basiert auf der Bank des reaktiven Typs. Das, was gewöhnlich als Konditionierung bezeichnet wird, ist daher in Wirklichkeit ein Engrammbefehl, der zu einem bestimmten Zeitpunkt eingespeichert wurde. Dies ist klinisch leicht nachzuweisen. Zum Beispiel bricht die lebenslange Konditionierung auf dem Gebiet des Essens mit einem Messer in dem Augenblick zusammen, wo die Intensität des engrammatischen Befehls, der sie verlangt, vermindert wird.

Ohne Engramme gibt es keine Konditionierung und kann es keine geben – dies ist nicht Theorie, sondern eine Tatsache. Konditionierung kann aufgehoben werden und wird aufgehoben bleiben. Demnach wirken hier zwei Dinge. Der reaktive Verstand befiehlt gewisse Handlungen; diese kann man durch Verminderung der Intensität von Engrammen verändern. Der Analysator kann sich für verschiedene Routinesituationen und mechanische Handlungen bestimmte automatische Reaktionen einrichten und an den Schaltkreis anschließen. Nennen wir das, was der reaktive Verstand verlangt, eine Gewohnheit, und das, was der analytische Verstand verlangt, einen Schablonenablauf. Es gibt Gewohnheiten: diese können beseitigt werden. Es gibt Schablonenabläufe: diese können nur mit der Zustimmung des Analysators, d.h. des Individuums, verändert werden. Praktisch alle Überlebensschablonen, die wirklich zum Überleben führen, sind auf der analytischen Ebene niedergelegt. Jene Reaktionen, denen sich Leute hingeben und die gegen das Überleben gerichtet sind, sind auf der reaktiven Ebene eingelagert.

Konditionierung ist daher ein weiterer Begriff, der beiseite gelegt werden kann. Wenn der Analysator ohne Behinderung durch Engramme arbeitet, kann er Schablonenabläufe nach Belieben einrichten und wieder aufheben. Der reaktive Verstand kann nur dann Befehle aufbauen, die Gewohnheiten bewirken, wenn die Außenwelt solche Befehle in Abwesenheit des vollen analytischen Vermögens einpflanzt. Die Dianetik kann Gewohnheiten aufheben, einfach indem sie die Engramme, von denen sie diktiert werden, lindert. Die Dianetik könnte einen Schablonenablauf nur dann verändern, wenn das Individuum zustimmt.

Diese Entdeckungen waren ein zusätzlicher Beweis dafür, dass der Mensch ein selbstbestimmtes Individuum ist. Weitere Nachforschung führte zu noch einer anderen Entdeckung: Obwohl die reaktive Bank Bestimmung von außen her bedeutet, ist diese Bestimmung von außen her von Individuum zu Individuum verschieden. Mit anderen Worten, die durch Schmerz eingelagerte Bestimmung hat eine veränderliche Wirkung. Das gleiche Engramm, das in drei verschiedene Leute hineingebracht wird, könnte drei verschiedene Reaktionen erzeugen. Der Mensch ist ein so vollständig selbstbestimmter Organismus, dass er gegenüber jeder versuchten Bestimmung eine variable Reaktion zeigt. Die Forschung brachte die Tatsache ans

„Er hat fünf Möglichkeiten, mit einem Engramm umzugehen: er kann es und sein Gegenstück in der äußeren Welt angreifen; er kann vor ihm und seinem Gegenstück fliehen; er kann es und sein Gegenstück meiden; er kann es und sein Gegenstück ignorieren oder er kann ihm unterliegen ... Die genannten Reaktionen sind in der dianetischen Ausdrucksweise übrigens als die ‚Schwarzer-Panther-Mechanismen' bekannt."

Licht, dass er eine Entscheidungsfreiheit hinsichtlich der reaktiven Bank ausüben konnte, wenn auch in eingeschränkter Weise. Er hat fünf Möglichkeiten, mit einem Engramm umzugehen: er kann es und sein Gegenstück in der äußeren Welt angreifen; er kann vor ihm und seinem Gegenstück fliehen; er kann es und sein Gegenstück meiden; er kann es und sein Gegenstück ignorieren oder er kann ihm unterliegen. Innerhalb dieser Gruppe von Reaktionen ist er bis zu einem gewissen Grade selbstbestimmt. Und dies sind seine Reaktionen auf jedes gefährliche Problem, das sich seinem Überleben entgegenstellt.

Die genannten Reaktionen sind in der dianetischen Ausdrucksweise übrigens als die „Schwarzer-Panther-Mechanismen" bekannt. Stellen Sie sich vor, ein schwarzer Panther sitzt auf der Treppe. Es gibt für einen Mann, der im Wohnzimmer sitzt und gern in das obere Stockwerk gelangen möchte, fünf Wege, der Situation zu begegnen: Er könnte den Panther angreifen; er könnte vor ihm fliehen; er könnte ihn meiden, indem er hinausgeht und über das Verandagerüst hinaufklettert – oder, als eine andere Methode des Meidens, den Panther fortlocken; er könnte sich einfach weigern, die Tatsache anzuerkennen, dass es ein schwarzer Panther ist, und irgendwie versuchen, nach oben zu gehen; oder er könnte einfach, von Angst gelähmt, bewegungslos daliegen und hoffen, dass der schwarze Panther ihn entweder still und ohne allzu viele Schmerzen auffressen wird oder einfach weggehen wird, weil er an Leichen kein Interesse hat (Angstlähmung, Ableugnung der Gefährlichkeit).

Der Analysator verhält sich nun gegenüber Erinnerungen auf der bewussten Ebene – Erinnerungen in den

Standard-Banken – nicht auf diese Weise. Der Analysator wertet die Gegenwart und die Zukunft aufgrund seiner *Erfahrung* und *Erziehung in der Vergangenheit* und aufgrund seiner *Vorstellungskraft* aus. Die Standard-Bank wird für Berechnungen benutzt, nicht für emotionale Reaktion, Schuld, Schmähung seiner selbst usw. Die Daten in der Standard-Bank sind die einzigen, die stichhaltig sind, und bei seinem Streben nach Erfolg, Glücklichsein, Vergnügen oder welchem begehrenswerten Ziel auch immer – oder auch nur für die Kunst der Betrachtung – braucht der Analysator verlässliche Informationen und Beobachtungen. Er verwendet sein Gedächtnis, Schlussfolgerungen, die er aus seiner Erfahrung gezogen hat, und Schlussfolgerungen, die er aus seinen Schlussfolgerungen gezogen hat, und stellt seine Berechnungen mit verschiedenen Methoden an, um richtige Antworten zu erhalten. Sobald er einmal weiß, dass eine Information falsch ist, meidet er sie wie die Pest. Und er wertet die Gedächtnisinhalte ständig neu aus, um seine Schlussfolgerungen zu verbessern. Je mehr Erfahrung er hat, umso besser sind die Antworten. Schlechte Erfahrungen sind ausgezeichnete Daten für Berechnungen, denn sie bringen den Notwendigkeitsfaktor[8] ins Spiel. Aber der Analysator kann in seine Berechnungen *keine* reaktiven Daten einbeziehen – jene „unbewussten Erinnerungen", die er nicht erreichen kann und von denen er nicht einmal weiß.

Diese reaktiven „Erinnerungen" sind daher überhaupt keine Erinnerungen in der eigentlichen Bedeutung des Wortes *Erinnerung*. Sie sind etwas anderes. Sie waren nie

8. **Notwendigkeitsfaktor:** der Grad, in dem ein Individuum die Notwendigkeit verspürt, eine bestimmte Handlungsweise zu unternehmen.

dazu bestimmt, auf analytischer Ebene ins Gedächtnis zurückgerufen oder in irgendeiner Weise analysiert zu werden. Beim Versuch, diese mit rotem Signallicht ausgestattete Bank zu umgehen, errichtet der Analysator einige Schaltkreise, die zu verstehen und nachzubauen selbst für einen Goldberg eine harte Probe wäre. Der Analysator versucht, seine eigentlichen, auf der bewussten Ebene liegenden Banken zu erreichen. Kann er dies nicht, so kann er bei seiner Berechnung keine richtigen Antworten erhalten. Wenn der Analysator immerzu sonderbare und scheinbar ursprungslose Daten erhält, hinter denen nichtsdestoweniger Schmerz steht, durch den sie ihm aufgezwungen werden, dann kann dieser Analysator zu sehr falschen Antworten gelangen. Daraus können körperliche Fehlfunktionen und auch falsche Motive resultieren. Und schließlich erfindet jemand Sprichwörter wie: „Irren ist menschlich."

Nein, reaktive „Erinnerungen" sind keine Erinnerungen. Bezeichnen wir sie mit dem guten medizinischen Fachwort *Engramme* – eine bleibende Spur – und modifizieren die Definition, indem wir bestimmen, was „bleibend" hier bedeutet. Vor der Dianetik waren sie sicherlich bleibend genug.

Wir können annehmen, dass das Engramm auf zellularer Ebene empfangen wird. Das Engramm ist zellulare Erinnerung durch die Zellen und ist in den Zellen gespeichert. Wir wollen diese Überlegung hier nicht weiterführen, weil wir uns gegenwärtig nicht mit Problemen der Struktur beschäftigen wollen. Aber wir können zu jedermanns Zufriedenheit beweisen, dass sich die Bank des reaktiven Verstandes anscheinend in den Zellen selbst befindet und nicht Teil der Banken des menschlichen Verstandes ist, welche, wie wir annehmen, aus Nervenzellen bestehen. Engramme gibt es in jeder Art von Zellen in der gesamten Zellansammlung. Ihre Existenz ist nicht im geringsten von der Nervenstruktur abhängig. Sie benutzen das uns bekannte Nervensystem und beuten es aus. Wenn wir von Engrammen sprechen, sprechen wir also nicht von Erinnerung. Wir sprechen von zellularen Aufzeichnungen, ähnlich den Aufzeichnungen auf Schallplatten, Geruchsaufzeichnungen, Aufzeichnungen organischer Empfindung – alle sehr genau. Und wenn wir den Ausdruck *„reaktiver Verstand"* benutzen, dann sprechen wir nicht von einem speziellen Teil des Körpers, sondern von einem komplexen, auf zellularer Ebene liegenden, schwachsinnigen Erinnerungs- und Berechnungssystem. Eines Tages wird vielleicht jemand einen Klumpen Gehirn abschneiden und rufen: „Ich hab's gefunden, dies ist der reaktive Verstand!" Möglicherweise. Aber wir können auch ganz gut vorwärtskommen und brauchbare Ergebnisse erhalten, wenn wir unsere Überlegungen weiterhin auf die Funktion beschränken. Den Sitz des reaktiven Verstandes brauchen wir also nicht zu kennen. Und wir brauchen auch nichts über die genaue Struktur seiner Banken zu wissen. Alles, was wir wissen wollen, ist, was sie tun.

Das reaktive Engramm kommt zusammen mit Schmerz in den Organismus hinein, während der analytische Verstand mehr oder weniger aus dem Schaltkreis heraus ist. Das Engramm wird *nicht* in den Banken aufgezeichnet, die auf der bewussten Ebene liegen. Es gelangt auf einer zellularen Ebene hinein, ganz so, als ob die Zellen, aus denen der Körper zusammengesetzt ist, plötzlich erkennen würden, dass der Organismus offenbar in Gefahr ist, zugrunde zu gehen. Daraufhin greifen sie in einer Anstrengung zur Selbstrettung gierig nach Daten, und zwar auf eine völlig unzusammenhängende Art und Weise, wobei jede nur für sich selbst handelt. Aber die Daten, die sie erhalten, sind keineswegs durcheinander. Sie sind sogar ganz fürchterlich präzise; sie sind in äußerst beängstigender Weise wörtlich. Sie sind genau. In welchem Zusammenhang der Klang „Bohne" auch auftaucht, er bedeutet niemals etwas anderes als die wörtliche Bedeutung von „Bohne".

Einmal empfangen, kann dieses Engramm verborgen liegen – untätig. Es bedarf einer entfernt ähnlichen, auf bewusster Ebene liegenden Erfahrung, um dieses Engramm wachzurütteln. Dieser Augenblick der ersten Restimulation ordnet das Engramm offensichtlich innerhalb der reaktiven Banken neu ein und ermöglicht ihm, zu deutlicher Wirkung zu kommen. Die Wörter des Engramms erhalten eine Bedeutung. Die Wahrnehmungseindrücke aus dem Engramm werden an die Sinnesorgane angeschlossen. Das Engramm hat jetzt seinen Platz eingenommen. Danach kann es sehr leicht restimuliert werden. Die Zellen sind nun dazu in der Lage, aus dem Hintergrund die Führung zu übernehmen.

Mit Engramm meinen wir einzig und allein den tatsächlichen Eindruck – wie die Einkerbungen auf einer Schallplatte – der „unbewussten" Erlebnisse, die auf den Körper einwirkten.

Nun, dies waren die Entdeckungen. Die nächste notwendige Aufgabe war, herauszufinden, wie sie angewandt werden konnten.

KAPITEL ZEHN

ENTWICKLUNG DER TECHNIK

Kapitel Zehn

Entwicklung der Technik

Wir haben angenommen, dass der Mensch dem grundlegenden Befehl ÜBERLEBE! gehorcht – und zweifellos lässt sich damit arbeiten. Überlebe! – das ist ein dynamischer Befehl. Er verlangt Handeln. Zahlreiche Berechnungen waren erforderlich, um die Frage des Gehorsams gegenüber diesem Befehl zu untersuchen. Überlebe. Nun, die erste und allzu offensichtliche Antwort ist, dass der Mensch als Einheit, als Einzelorganismus überlebt. Eine sehr sorgfältige Untersuchung darüber – etwa 800 Seiten umfassend – machte die folgende Tatsache deutlich: Obwohl alles im Universum – mit ein paar gerissenen logischen Kehrtwendungen – vom Standpunkt des persönlichen Überlebens her erklärt werden könnte, ist diese Erklärung doch unhandlich und nicht praktisch brauchbar. Wir wollen Ergebnisse, die praktisch brauchbar sind. Wir benutzen hier die Methoden der Ingenieurwissenschaften und betreiben kein müßiges Studium. Wir haben ein klar umrissenes Ziel. Prüfen wir also, ob der Mensch sich mit jeder nur möglichen Anstrengung für die Menschheit einsetzt.

Das Motiv für das Überleben des Organismus *kann,* wenn man es berechnet, auf ausschließlich diese eine Bemühung zurückgeführt werden – das Überleben der gegenwärtigen Menschheit. Das Motiv des Einzelorganismus in seinem Streben nach Überleben liegt ausschließlich darin, Überleben für die ganze Menschheit zu erreichen. Aber diese Annahme funktioniert nicht gut.

Betrachten wir nun eine Gruppe, zu der Symbionten[1] gehören. Stellen wir die Annahme auf, dass der Einzelorganismus ausschließlich für die Gruppe überlebt. Wiederum kann man eine Berechnung anstellen und darin alles auf die Gruppe zurückführen. Diese Berechnung besagt, dass die Gruppe das einzige Motiv ist. Das ist zwar unhandlich, aber es ist nichts verkehrt daran.

Versuchen wir doch einmal, alles auf Sexualität zurückzuführen. Und damit lässt sich noch immer eine fehlerfreie Berechnung anstellen, wenn sie auch etwas unhandlich ist. Das Motiv, warum der Mensch als eine Einheit überlebt, liegt im Genuss von Sex und der Schaffung von Nachkommen. Diese Berechnung erfordert jedoch sehr viele mühsame, schwerfällige Manipulationen der Logik, die niemand mögen würde.

Als wir den menschlichen Verstand erforschten – wobei wir uns unser Studienobjekt direkt ansahen und wirklich untersuchten, anstatt mit leeren Worten darüber zu argumentieren und Autoritäten zu zitieren –, entdeckten wir, dass es ein Gleichgewicht augenscheinlich genau dann gab, wenn *alle vier Triebkräfte* gemeinsam und in

1. **Symbionten:** Organismen, Personen, Gruppen usw., die in einer Beziehung wechselseitiger Abhängigkeit und gegenseitigen Nutzens leben. Das Atom hängt vom Universum ab, das Universum vom Atom.

„Es gibt vier Triebkräfte. Es gibt vier Stufen von körperlicher Verfassung. Geben wir der Gesamttriebkraft des Menschen die Größe Vier; wenn nun die Kraft seines restimulierten reaktiven Verstandes groß genug ist, um die Gesamttriebkraft unter Zwei herabzusetzen – ob diese Restimulation nun akut oder chronisch ist –, dann ist das Individuum geisteskrank."

ausgeglichenem Verhältnis zueinander wirkten. Mit jeder Triebkraft für sich ließen sich ganz gut Berechnungen anstellen, fasst man aber alle vier Teile zu einem Ziel zusammen, so bilden sie ein Gleichgewicht. Die Berechnung wird dann sehr einfach. Das Verhalten beginnt gut auszusehen. Wenn wir alle vier Triebkräfte benutzen, können wir Vorhersagen treffen.

Nun kommt der Beweis. Können wir das Ganze gebrauchen? Lässt sich praktisch damit arbeiten? Ja. Engramme liegen quer zu diesen Triebkräften. Diese Engramme haben ihre eigene Energie – eine Überbelastung von entgegengesetzter Polarität[2], die die Triebkraft, auf der sie liegen, behindert. Das ist sehr schematisch, aber man kann damit arbeiten, und wir können es in der Therapie verwenden. Ein Zeitabschnitt von Bewusstlosigkeit, der körperlichen Schmerz und eine eingebildete oder tatsächliche Bedrohung des Überlebens enthält, vereitelt, blockiert oder behindert das Fließen der Triebkraft. Je mehr solche Behinderungen sich gegen eine Triebkraft anhäufen, um so deutlicher wird sie gedrosselt werden.

Jetzt kommt etwas, das mit Zahlen zu tun hat. Es gibt einen guten Grund dafür, die Zahl Vier zu verwenden. Es gibt vier Triebkräfte. Es gibt vier Stufen von körperlicher Verfassung. Geben wir der Gesamttriebkraft des Menschen die Größe Vier; wenn nun die Kraft seines restimulierten reaktiven Verstandes groß genug ist, um die Gesamttriebkraft unter Zwei herabzusetzen – ob diese Restimulation

2. **Polarität:** die Qualität oder der Zustand in einem physikalischen Körper oder System, die entgegengesetzte oder gegensätzliche Eigenschaften manifestieren, wie bei einem Magnet, wo das eine Ende positiv und das andere negativ ist. Umgekehrte Polarität bezieht sich auf einen Zustand, wo zwei Gegenstände, Zustände usw. entgegengesetzte Kräfte aufweisen.

nun akut oder chronisch ist –, dann *ist das Individuum geisteskrank.* In Anbetracht der Tatsache, dass ein Engramm zeitweilig restimuliert und dadurch diese Kraft unter Zwei herabgesetzt werden kann, ergibt sich ein Zustand vorübergehender Geisteskrankheit.

Ein Engramm kann daraus bestehen, dass der Vater während eines Anatens des Kindes die Mutter schlägt. Wird dieses Engramm stark restimuliert, kann es sein, dass das Kind – jetzt ein Erwachsener – es entweder als der Vater oder als die Mutter dramatisieren und das ganze Drama vollständig aufführen wird – *Wort für Wort, Schlag für Schlag.*

Betrachten wir die Tatsache, dass der Vater, als er die Mutter schlug, wahrscheinlich eines seiner eigenen Engramme dramatisierte, so können wir hier einen weiteren hochinteressanten Faktor entdecken: Ansteckung. *Engramme sind ansteckend.* Der Vater hat ein Engramm. Er schlägt die Mutter, und Anaten tritt ein. Sie hat nun, Wort für Wort, ein Engramm von ihm. Auch das Kind war im Anaten – vielleicht zur Seite gestoßen und dabei bewusstlos geworden. Das Kind ist Teil der Wahrnehmungseindrücke der Mutter in diesem Engramm. Die Mutter dramatisiert das Engramm am Kind. Das Kind hat das Engramm. Es dramatisiert das Engramm an einem anderen Kind. Wenn es erwachsen ist, wird das Engramm wieder und wieder dramatisiert. Ansteckung.

Warum degenerieren Gesellschaften? Betrachten wir eine Rasse, die in ein neues Gebiet kommt. Es ist ein neues Leben für sie, und es gibt wenige *Restimulatoren* – ein Restimulator ist etwas in der Umgebung, das dem Wahrnehmungsinhalt eines Engramms entspricht –, und es besteht eine hohe Notwendigkeitsstufe, was eine starke Triebkraft bedeutet. Die Rasse blüht und gedeiht in dem neuen Grenzland. Und dann beginnt diese Ansteckung, die schon vorhanden ist, weil sie teilweise aus der alten Umgebung mit eingeschleppt wurde. Und die abwärtsgehende Spirale kann beobachtet werden.

Ein Engramm zu haben verursacht ein leichtes Anaten. Wenn man sich in leichtem Anaten befindet, erhält man leichter neue Engramme. Engramme bringen körperlichen Schmerz mit sich – *Psychosomatiken*[3] –, was die allgemeine Verfassung verschlechtert und weiteres Anaten verursacht. Und das Individuum verfällt in einer rasch abwärtsgehenden Spirale.

Dies waren die Ergebnisse unserer Forschungs- und Untersuchungsarbeit. Nun ging es darum, sie in die Praxis umzusetzen. Wären sie nicht brauchbar gewesen, hätten wir das Ganze ändern und uns nach neuen Prinzipien umsehen müssen. Zufällig war das Obige aber praktisch brauchbar.

Es war jedoch schwierig, diese Forschungsergebnisse in die Praxis umzusetzen. Es gab keine Möglichkeit, zu erkennen, wie viele Engramme ein Patient haben mochte. Zu diesem Zeitpunkt konnten wir recht optimistisch sein. Schließlich lag eine ziemlich gute Berechnung vor; wir besaßen einiges Wissen über das Wesen des bösen Fluches, der auf dem Menschen lag, und es war vielleicht möglich, bei fast jedem Patienten zu erreichen, dass er

3. **Psychosomatiken:** körperliche Empfindungen, Schmerzen oder Unbehagen, die vom Verstand herrühren. Das Wort kommt von *psycho* (Verstand) und *somatisch* (den Körper betreffend).

„Jeder hatte eine Geburt. Und glauben Sie mir, die Geburt ist wirklich ein bedeutsames Erlebnis – sehr engrammatisch, sehr aberrierend.“

ein „Clear" wurde – d.h., dass sein Analysator optimal arbeiten würde. Aber der Weg lag voller Steine.

Mehrere Techniken wurden entwickelt. Sie alle brachten eine Erleichterung, die dem Erfolg von ein paar tausend Stunden Psychoanalyse nahekam. Aber das reichte uns noch nicht. Sie konnten bessere Resultate erzielen als die Hypnoanalyse – und zwar erheblich müheloser. Aber damit fuhr der Zug noch nicht über den Strom.

Ich fand heraus, was Locks sind. Ein *Lock* ist eine Situation geistiger Qual. Seine Kraft beruht auf dem Engramm, an dem es hängt. Das Lock ist dem Analysator mehr oder weniger bekannt. Es ist ein Augenblick ernsthafter Restimulation eines Engramms. Man könnte die Psychoanalyse ein Studium der Locks nennen. Ich entdeckte, dass jeder meiner Patienten Tausende und Abertausende von Locks hatte, genug, um mich für immer beschäftigt zu halten. Die Entfernung von Locks bringt dem Patienten Erleichterung. Sie bringt sogar manchmal chronische psychosomatische Krankheiten zum Verschwinden. Sie bringt mehr Ergebnisse hervor als irgendetwas anderes, was bis jetzt außerhalb der Dianetik bekannt war. Aber sie erreicht keine völlige *Wiederherstellung.* Die Entfernung von Locks gibt dem Individuum nicht all seine geistigen Kräfte, seine Erinnerungsfähigkeit an Klänge und Töne, farbige Bilder, Gerüche, Geschmacks- und organische Empfindungen und seine Fähigkeit, sich diese Dinge vorzustellen, zurück. Und sie steigert seinen IQ[4] nicht sonderlich. Ich wusste,

4. **IQ:** Intelligenzquotient, eine Zahl, die mit Hilfe von Intelligenztests ermittelt wird und die Intelligenz einer Person anzeigen soll.

dass ich vom optimalen Analysator noch weit entfernt war.

Es war notwendig, im Leben der Patienten weiter und weiter zurückzugehen und nach wirklichen Engrammen zu suchen, nach Zeitabschnitten von totalem Anaten. Ich fand viele. Von einigen, die gefunden wurden, konnte der Patient befreit werden, wenn man ihn in der Zeit zu ihnen zurückbewegte und ihn dazu brachte, sie sich Wahrnehmungseindruck für Wahrnehmungseindruck immer wieder gründlich anzuschauen. Aber es gab ebenfalls Engramme, die sich nicht auflösen lassen wollten; wenn die ursprüngliche Überlegung richtig war, hätte es aber gelingen müssen. Der optimale Computer muss die Daten, mit denen er arbeitet, analysieren. Sobald er auf falsche Daten aufmerksam gemacht worden ist, um sie in Frage zu stellen, sollte sein spezieller Mechanismus zur Selbstüberprüfung diese Unrichtigkeit automatisch zurückweisen.

Die Tatsache, dass sich ein Engramm nicht auflösen wollte, machte mir Sorgen: Entweder war die Grundidee, dass das Gehirn ein perfekter Computer ist, falsch oder ... Nach nicht allzu langer Zeit fand ich heraus, dass man den ersten engrammatischen Augenblick eines jeden Wahrnehmungseindrucks finden muss, ehe das spätere Engramm verschwindet. Das sah nach Ordnung aus. Finden Sie den frühesten Schmerz, der zum Beispiel mit einem quietschenden Straßenbahnrad verbunden ist, und spätere Straßenbahnräder verursachen keine Schwierigkeiten mehr, sogar wenn sie in schlimmen Engrammen enthalten sind. Der vollkommene Computer wird bei Stufe 256 nicht mit dem Kurzschluss in einem Schaltkreis fertig werden, wenn derselbe Schaltkreis auf Stufe 21 kurzgeschlossen wurde. Wenn Sie den Kurzschluss – die falschen Daten – jedoch dort klären, wo sie zum ersten Mal aufgetreten sind, dann kann der Computer die späteren Irrtümer mit Leichtigkeit finden und korrigieren.

Daraufhin begann die denkbar hartnäckigste Suche nach dem frühesten Engramm in einem Patienten. Das war eine verrückte Arbeit. Wirklich verrückt.

Eines Tages stand ich vor einem kompletten Geburtsengramm. Zuerst wusste ich nicht, was es war. Dann kam das Gerede des Arztes. Und dann der Schmerz am Kopf, die Augentropfen ... aha! Menschen können sich an ihre Geburt erinnern, wenn man sie richtig hineinstößt! Aha! Die Geburt ist das früheste Engramm. Jeder hatte eine Geburt. Wir werden alle Clears sein!

Ach, wenn es doch nur wahr gewesen wäre! Jeder hatte eine Geburt. Und glauben Sie mir, die Geburt ist wirklich ein bedeutsames Erlebnis – sehr engrammatisch, sehr aberrierend. Sie verursacht Asthma und überanstrengte Augen und eine Fülle an Somatiken[5]. Eine Geburt ist kein Kinderspiel, und das Baby ist dabei manchmal wütend, manchmal apathisch. Aber zweifellos zeichnet es alle Wahrnehmungen auf; es ist eindeutig ein menschliches Wesen, das, wenn es sich nicht im Anaten befindet, eine gute Vorstellung davon hat, was geschieht. Kommt das Engramm ans Licht, erlangt der Patient vollständiges analytisches Wissen darüber. (Später kann der Mensch das Engramm dramatisieren, zum Beispiel als Arzt oder als Mutter. Mensch, viel Information hier. Heiße

5. **Somatik:** ein physischer Schmerz oder eine unangenehme physische Empfindung jeglicher Art.

Information.) Die Geburt ist jedoch nicht die vollständige Antwort. Denn die Menschen wurden nicht Clears, nachdem das Geburtsengramm getilgt worden war – sie hörten nicht auf zu stottern, ihre Geschwüre lösten sich nicht auf, sie behielten ihre Dämonenschaltkreise und waren weiterhin aberriert. Und manchmal ließ sich das Geburtsengramm nicht tilgen.

Diese Feststellung genügte mir. Es gab ein Axiom: Finde das früheste Engramm. Wissen Sie, wo es endete? *24 Stunden nach der Empfängnis.* Glücklicherweise war es nicht in allen Fällen so. Einige Fälle erhielten das erste Engramm vier Tage nach der Empfängnis. Der Embryo gerät leicht in ein Anaten; offenbar *gibt es Anaten auf zellularer Ebene.*

Keine so drastische Feststellung wie diese – keine Feststellung, die so weit außerhalb früherer Erfahrung liegt wie diese – kann ohne weiteres akzeptiert werden. Ich habe für die damit verbundene Struktur keine Erklärung; um das Problem der Funktion auf einer ingenieurwissenschaftlichen Basis zu lösen, ist es jedoch nicht unmittelbar notwendig, eine Erklärung für die Struktur zu haben. Ich wollte nur eine einzige Sache: ein technisches Verfahren, mit dem Aberrationen ausgemerzt und die Fähigkeit des Verstandes, korrekte Berechnungen anzustellen, voll wiederhergestellt werden konnte. Wenn zu diesem Verfahren die vorläufige Annahme dazugehörte, dass sich die menschlichen Zellen schon ein oder zwei Tage nach der Empfängnis zellularer Engramme bewusst werden, dann konnte und musste diese Annahme für den Zweck, den wir im Augenblick verfolgten, akzeptiert werden. Wäre es nötig gewesen, durch zweitausend Jahre genetischer Erinnerung zurückzugehen, um dieses erste Engramm zu finden, so wäre ich noch immer beim Zurückgehen, um dieses erste Engramm zu finden, aber glücklicherweise gibt es keine genetische Erinnerung als solche. Zweifellos jedoch gibt es etwas, was der Verstand des Individuums als vorgeburtliche Engramme betrachtet. Wenn man will, kann man über ihre objektive Realität natürlich streiten, ihre subjektive Realität ist jedoch über jede Debatte erhaben – und zwar in so großem Maße, dass das Verfahren dann, nur dann und *in jedem Fall* funktioniert, wenn wir die Realität dieser vorgeburtlichen Erinnerungen anerkennen. Wir suchen nach einem Verfahren, mit dem Aberrationen geheilt werden können; wir suchen nicht nach einer Erklärung für das Universum, die Funktion des Lebens oder sonst irgendetwas. Daher akzeptieren wir die Annahme, dass *die Aufzeichnung vorgeburtlicher Engramme schon 24 Stunden nach der Empfängnis geschieht,* als praktisch brauchbare Annahme, denn sie ist praktisch brauchbar. Soweit es Zeit und beschränkte Mittel erlaubten, ist die objektive Realität überprüft worden. Und offensichtlich ist die objektive Realität vorgeburtlicher Engramme ziemlich sicher. Jeder Psychologe kann dies nachprüfen; er braucht nur die dianetische Technik zu kennen und ein paar Zwillinge zu finden, die bei der Geburt getrennt wurden. Aber selbst wenn er Dinge fände, die nicht übereinstimmten, bleibt die nackte Tatsache bestehen, dass Individuen *nicht* wiederhergestellt werden *können,* wenn man nicht anerkennt, dass es vorgeburtliche Engramme gibt.

Was passiert mit einem Kind in der Gebärmutter? Die Ereignisse, die am häufigsten auftreten, sind Unfälle, Krankheiten – und *Abtreibungsversuche!*

Bezeichnen Sie dieses letztere als AA (engl. attempted abortion = Abtreibungsversuch). Wo holen sich die Menschen Magengeschwüre? Gewöhnlich in der Gebärmutter, durch einen Abtreibungsversuch. Alle Wahrnehmungseindrücke bis hin zur letzten Silbe werden vollständig aufgezeichnet und bilden Material, das voll dramatisiert werden kann. Der bedeutendste Teil des Beweises ist, dass die Hebung des Engramms eines solchen Ereignisses *das Geschwür beseitigen* kann!

Wie heilen all diese Schäden an einem Fötus wieder? Fragen Sie in etwa zwanzig Jahren einen Arzt – ich habe alle Hände voll zu tun. Das ist Struktur, und gerade jetzt will ich nur eines: einen Clear.

Was ist chronischer Husten? Es ist der Husten der Mutter fünf Tage nach der Empfängnis, dessen Stöße das Baby zusammenpressten, sodass Anaten eintrat. Die Mutter sagte: „Es ist schmerzhaft" und „tritt immerzu auf." Und das geschah dann auch. Was ist Arthritis? Beschädigung des Fötus oder Embryos.

Nun ist heute bekannt, dass ein Clear alle seine Körperflüssigkeiten unter seiner Kontrolle haben kann. In einem Aberrierten übernimmt der reaktive Verstand diese Arbeit. Der reaktive Verstand sagt, dass dies oder jenes so und so sein muss und dass das Überleben bedeutet. Daher lässt ein Mensch seinen Arm verkümmern. Das ist Überleben. Oder er ist unfähig zu sehen – er leidet unter hysterischer oder tatsächlicher Blindheit. Das ist Überleben. Sicher, das ist Überleben. Eine solide und vernünftige Überlegung. Wo kommt dieser Unsinn her? Der gute Mann hat ein Engramm zu diesem Thema, nicht wahr?

Was ist Tuberkulose? Anfälligkeit des Atmungssystems für Infektionen. Was ist dieses, was ist jenes? Sie haben die These jetzt verstanden. Sie ist praktisch brauchbar. Die psychosomatischen Krankheiten, die Arthritis, die Impotenz, all diese Beschwerden können verschwinden, wenn die Engramme von Grund auf geklärt werden.

Das war der Kernpunkt für die Herleitung des technischen Verfahrens. Mit dem Abschluss der Forschungsstufe blieb die Stufe der tatsächlichen Anwendung und das Sammeln von Daten zur letzten, entscheidenden Frage. Das Verfahren funktionierte – funktionierte klar und eindeutig. Aber die vollständige Definition einer Wissenschaft fordert, dass sie eine genaue Beschreibung der Methoden ermöglicht, mit denen ein gewünschtes Ergebnis *ausnahmslos* erzielt werden kann. Würde die Technik bei jeder Art von Verstand, bei jedem Menschen funktionieren?

Kapitel Elf

Anwendung

KAPITEL ELF

ANWENDUNG

BIS ANFANG 1950 WAR SICH mit über zweihundert Patienten befasst worden; bei diesen zweihundert Leuten waren zweihundert Genesungen erreicht worden. Die Dianetik ist eine Wissenschaft, weil durch einfache Befolgungen vorgeschriebener Techniken, die präzise dargelegt werden können und auf eindeutig festgelegten Grundannahmen beruhen, in jedem Fall ein genau beschriebenes Ergebnis erreicht werden kann. Es ist vorstellbar, dass es Ausnahmen zu der jetzt ausgearbeiteten Technik geben mag. Aber ich versuchte aufrichtig, Ausnahmen zu finden, prüfte so viele Fälle von so unterschiedlicher Art und fand keine Ausnahme. Und einige dieser Fälle waren wirklich schauderhaft.

Wer ist ein Aberrierter? Jeder, der ein oder mehrere Engramme hat. Und da die Geburt selbst eine engrammatische Erfahrung ist, hat jedes geborene menschliche Wesen mindestens ein Engramm!

Wenn es nach dem Hypnotiseur ginge, bräuchte die ganze Welt nur hypnotisiert zu werden. Geben Sie einfach einem Menschen ein weiteres Engramm, ein künstliches, und er wird in Ordnung kommen, auch wenn es ein manisches Engramm ist – eines, das neben allen anderen Wahrnehmungseindrücken das Gefühl enthält, „groß“, „stark“ oder „mächtig“ zu sein. Darin liegt die Grundschwierigkeit. Jedes Engramm bedeutet eine Verminderung der Selbstbestimmung. Daher verwenden wir keine Hypnose. Außerdem ist ihre Erfolgsrate nicht besonders hoch. Sollten Sie bis hierher gefolgt sein, ohne zu erkennen, dass wir versuchen, einen Analysator aufzuwecken, dann haben Sie den gleichen Fehler gemacht, den ich viele Monate lang machte. Ich versuchte, mit Hypnose zu arbeiten. Gut, sie funktioniert, wenn auch auf sehr unzuverlässige Weise. Jedoch, wie man einen Menschen in Schlaf versetzen kann, der ohnehin schon zu drei Vierteln schläft – und das ist, soweit ich erkennen kann, der Normalzustand –, ist ein Problem, dessen Lösung ich gerne wüsste. Glücklicherweise ist sie nicht nötig.

Der Analysator ging bei jedem Engramm schlafen. Jedes Engramm hat Lock-Engramme – ähnliche Engramme, die aber später folgen; und jede Kette von Engrammen – Engramme gleicher Art, die Menschen haben durchschnittlich etwa fünfzehn oder zwanzig Ketten mit zehn oder fünfzehn Engrammen pro Kette – hat etwa tausend Locks. Es gibt unglückliche Leute, die Hunderte von Engrammen haben. Sie mögen geistig gesund sein. Es gibt Leute, die zwanzig Engramme haben und geisteskrank sind. Es gibt Leute, die jahrelang geistig gesund sind und plötzlich in genau die richtige Umgebung geraten, wo sie restimuliert und verrückt werden. Und jeder, bei dem ein Engramm einmal in vollständiger Restimulation war, ist mindestens einmal „verrückt" gewesen – *vox populi*[1] –, selbst wenn es nur für zehn Minuten war.

Wenn wir beginnen, einen Patienten zu behandeln, behandeln wir einen teilweise schlafenden Analysator. Das Problem ist, ihn aus der Bewusstlosigkeit des ersten Engramms aufzuwecken und dann alle nachfolgenden Engramme auszulöschen. Es handelt sich wirklich um *Auslöschen;* alle späteren Engramme verschwinden aus der reaktiven Bank durch wiederholtes Erzählen unter Berücksichtigung jedes einzelnen Wahrnehmungseindruck. Die Locks verschwinden, ohne berührt zu werden, da der Lehrsatz der wahren Information voll wirksam ist und sich der Analysator weigert, Dinge zu tolerieren, die er plötzlich als Unsinn erkennt. Während der Patient beginnt, seine geistige Funktionsfähigkeit in genügendem Maße wiederzugewinnen, um ein kleines Stück zurück in seine Vergangenheit zu reichen, beginnen wir ihm Linderung zu verschaffen. Schließlich decken wir dann den inneren Aufbau des reaktiven Verstandes auf (den Grund, aus dem die Person weiterhin aberriert sein musste), wir treiben die Dämonen aus – indem wir die Schaltkreise durcheinanderwerfen – und plötzlich sind wir beim allerersten Engramm angelangt, dem *Basik-Basik.* Dann gehen wir in der Zeit vorwärts, lassen den Patienten jedes Engramm wieder und wieder erzählen, bis es völlig verschwindet und sich als „Erfahrung" einordnet, nicht als „Befehl".

1. **vox populi:** allgemeine Gesinnung oder die allgemein ausgedrückte Meinung. *Vox populi* ist ein lateinischer Ausdruck, der wortwörtlich „die Stimme des Volkes" bedeutet.

Ein Clear besitzt die Fähigkeit, sich an etwas durch Zurückgehen zu erinnern. In einem Aberrierten ist die Grundpersönlichkeit nicht stark genug, um zurückzugehen, daher benutzen wir eine Methode, die wir die *dianetische Reverie*[2] nennen.

Wir fanden heraus, warum Narkosynthese so schlechte Arbeit leistet. Sie bringt das teilweise restimulierte Engramm in volle Restimulation; es wird vollständig aktiviert. Durch die Droge wird das Somatik – der körperliche Schmerz – abgeschaltet, sodass das Engramm sich nicht vollständig auflöst. Mit Narkosynthese ist es nicht möglich, weit genug zurückzugehen, um das allererste Engramm zu erreichen. Und das Engramm, das sie erreicht, wird nur scheinbar ausgelöscht; es wird innerhalb eines Zeitraums von sechzig Stunden bis zu sechzig Tagen zurückkommen.

Gibt es irgendeine bestimmte Sache, die einen Fall aufhält? Ja, die Mitgefühlsberechnung. Nehmen wir folgendes Beispiel: Ein Patient mit einer schwierigen engrammatischen Vergangenheit bricht sich ein Bein und erhält dafür Mitgefühl. Danach neigt er dazu, mit einem simulierten gebrochenen Bein herumzulaufen – leidet an Arthritis usw. usw. Diese Art von Aberration ist manchmal schwer zu knacken, aber sie sollte zuerst in Angriff genommen werden. Sie bewirkt, dass ein Patient „krank sein will“. Krankheit hat einen hohen Wert für das Überleben, sagt der reaktive Verstand. Also schustert er sich einen kranken Körper zurecht, einen schönen,

2. **Reverie:** ein Zustand leichter „Konzentration“ – dies darf nicht mit Hypnose verwechselt werden; in der Reverie ist sich die Person vollkommen bewusst darüber, was in der Gegenwart vor sich geht.

kranken Körper. Verbündete sind gewöhnlich z.B. Großmütter, die gegen die Abtreibung des Kindes protestierten – der Versuch war schon unternommen worden, und das Kind hörte mit – zwar kannte es die Wörter damals noch nicht, aber es wird sie später zusammen mit seinen ersten Wörtern kennen. Andere Verbündete sind Krankenschwestern, die sehr liebenswürdig waren; Ärzte, die Mama anschrieen, und so weiter, und so fort. Der Patient hat gewöhnlich eine ungeheure Verzweiflungsladung[3] im Zusammenhang mit dem Verlust eines Verbündeten. Das wird einen Fall aufhalten.

Wir sind völlig daran vorbeigegangen, inwieweit diese Entdeckungen mit der modernen Psychologie zusammenhängen. Die moderne Psychologie hat doch immerhin Bezeichnungen für viele beobachtete Zustände. Wie ist es zum Beispiel mit Schizophrenie?

Es handelt sich dabei um *Valenzen*[4]. Ein Aberrierter hat für jede Person in jedem Engramm eine Valenz. Er hat im Wesentlichen drei Valenzen: sich selbst, seine Mutter und seinen Vater. Zu jedem Engramm gehören beteiligte Personen. Eine Valenz baut sich im reaktiven Verstand auf und trennt eine Abteilung davon wie durch eine Mauer ab, wobei ein Teil des Analysators absorbiert wird. Der Analysator wird durch Restimulation abgeschaltet. Jeder Aberrierte hat gewöhnlich mehrere Valenzen. Die Valenz jedes Aberrierten verschiebt sich von Tag zu Tag,

3. **Ladung:** Überflutung, zum Beispiel mit Emotion, so wie Hoffnungslosigkeit.
4. **Valenz:** wörtlich bedeutet der Ausdruck, die Fähigkeit, sich mit Teilen eines anderen zu verbinden bzw. Teile eines anderen anzunehmen. In der Dianetik ist *Valenz* eine echte Persönlichkeit oder eine Schattenpersönlichkeit. Die eigene Valenz ist jemandes echte Persönlichkeit. Eine Schattenpersönlichkeit bedeutet die Annahme der körperlichen und/oder emotionalen Merkmale oder Charakterzüge eines anderen. Multivalenz würde *viele Persönlichkeiten* bedeuten.

je nachdem, wen er gerade trifft. Er versucht in jeder Dramatisation eines Engramms die Valenz des Gewinners einzunehmen. Diese Valenz zu übernehmen ist die beste Berechnung, die vom reaktiven Verstand für das Überleben aufgestellt werden kann: gewinne immer. Wenn Sie eine Dramatisation „brechen", stürzen Sie den Patienten in eine andere Valenz hinein. Wenn Sie seine Dramatisation so weit brechen, dass er in diesem Engramm er selbst ist, wird er wahrscheinlich in ein Anaten hineingeraten oder krank werden. Wenn Sie andauernd seine Dramatisationen brechen, wird er zum geistigen Krüppel.

Wer wird die Dianetik praktizieren? In schweren Fällen werden es Ärzte tun. Sie sind in der Heilkunst gut geschult, und sie sehen sich ständig einer Unmenge von psychosomatischen Krankheiten und geistigen Störungen gegenüber. Für einen Arzt liegt, ebenso wie für den Ingenieur, eine gewisse Notwendigkeit vor, Ergebnisse zu erzielen. Es gibt mehrere Methoden der Linderung, die innerhalb weniger Stunden ihre Wirkung erzielen werden. Diese Methoden helfen, eine chronische Krankheit bei einem Kind zu beseitigen, Valenzen zu verändern, die Position einer Person auf der Zeitspur in der Zeit zu verändern – Menschen werden an verschiedenen Stellen festgehalten, wo der Befehl es verlangt – ändern Dramatisationsmuster und helfen ganz allgemein dem kranken Aberrierten.

Im allgemeinen Fall jedoch – dem psychosomatischen, neurotischen oder einfach unter dem Optimum liegenden Individuum – wird die Dianetik wahrscheinlich von Leuten mit Intelligenz und guter Energie an ihren Freunden und Familien praktiziert werden. Kennt man all die

Axiome und Mechanismen, lässt sich die Dianetik an der relativ normalen Person leicht anwenden und kann diese von ihren Erinnerungsschwierigkeiten und Erkältungen, ihrer Arthritis und ihren anderen psychosomatischen Krankheiten befreien. Die Dianetik kann ebenso dazu benutzt werden, das Auftreten von Aberrationen zu verhindern, und kann sogar dazu angewandt werden, die Reaktionen anderer genau zu bestimmen. Obwohl die Grundlagen und Mechanismen einfach und mit etwas Studium leicht anzuwenden sind, ist unvollständige Information gefährlich. Die Technik kann der Stoff sein, mit dem geistige Gesundheit geschaffen wird, aber schließlich hat man hier bei seiner Arbeit mit eben den Dingen zu tun, die Geisteskrankheit verursachen, und man sollte sich wenigstens durch ein paar Stunden Studium informieren, bevor man experimentiert.

Kapitel Zwölf

Hoffnung für die Zukunft

Kapitel Zwölf

Hoffnung für die Zukunft

Ich habe hier die Entwicklung der Dianetik beschrieben. Eigentlich habe ich mich auf einen Zweig der Dianetik konzentriert, und zwar den, der sich mit Abnormalität befasst. Es gibt medizinische Dianetik, dynamische Dianetik (die sich mit Triebkräften und Struktur beschäftigt), politische Dianetik, militärische Dianetik, industrielle Dianetik usw. und nicht zuletzt VORBEUGENDE DIANETIK. Von ihr mag die endgültige Lösung der Probleme der Gesellschaft abhängen.*

Als Schlusswort soll nun eine Zusammenfassung der Dianetik in ihrer jetzigen, praktisch brauchbaren Form gegeben werden. Wie durch eine beträchtliche Reihe von Fällen nachgewiesen ist, leistet sie die folgenden Dinge:

1. Die Dianetik ist eine organisierte Wissenschaft des Denkens, die auf eindeutigen Axiomen aufgebaut ist. Sie enthüllt offensichtlich die Existenz von Naturgesetzen, die das Verhalten des Einzelorganismus oder der Gesellschaft in einheitlicher Weise verursachen können

*. Siehe das Buch *Dianetik: Der Leitfaden für den menschlichen Verstand* von L. Ron Hubbard.

oder zur Vorhersage dieses Verhaltens verwendet werden können.

2. Die Dianetik bietet eine Behandlungstechnik an, mit der wir alle anorganischen geistigen und psychosomatischen Zustände angehen können. Sie schafft eine geistige Stabilität in dem „geklärten" Patienten, die weit über der gegenwärtigen Norm liegt. (Bis heute wurde kein Beispiel gefunden, das dieser Feststellung widersprochen hätte; es wird eingeräumt, dass weitere Arbeit irgendwo einen besonderen Fall aufzeigen mag, der vielleicht nicht vollständig auf die Therapie anspricht.)

3. In der Dianetik haben wir eine Methode der Zeitverschiebung, die von der Narkosynthese und der Hypnose verschieden ist und dianetische Reverie genannt wird. Mit ihr ist der Patient fähig, Ereignisse zu erreichen, die bis dahin vor ihm verborgen waren. Er löscht dabei den körperlichen und geistigen Schmerz aus seinem Leben aus.

4. Die Dianetik verschafft uns einen Einblick in die potenziellen Fähigkeiten des Verstandes.

5. Die Dianetik enthüllt die Grundnatur des Menschen und seine Ziele und Absichten, und sie deckt auf, dass diese im Grunde konstruktiv und nicht böse sind.

6. Die Dianetik verschafft uns eine Beurteilung der Größenordnung von Ereignissen, die nötig sind, um bei einem Individuum Aberration zu bewirken.

7. Mit der Dianetik entdecken wir die Natur vorgeburtlicher Erlebnisse und die genaue Wirkung, die sie auf das Individuum nach der Geburt haben.

8. Die Dianetik entdeckte die tatsächlichen Aberrationsfaktoren der Geburt.

9. Die Dianetik erhellt das gesamte Problem der „Bewusstlosigkeit“ und zeigt schlüssig, dass es „völlige Bewusstlosigkeit“ nicht gibt – außer im Tod.

10. Die Dianetik zeigt, dass alle Erinnerungen jeglicher Art vollständig aufgezeichnet und gespeichert werden.

11. Die Dianetik zeigt auf, dass aberrierende Erinnerungen stets in Bereichen von „Bewusstlosigkeit“ liegen und daher nur Erinnerungen aus Zeitabschnitten von „Bewusstlosigkeit“ aberrieren können.

12. Die Dianetik eröffnet der Forschung breite Zugänge und gibt ihr zahlreiche Probleme zur Lösung auf. Ein neues Gebiet ist zum Beispiel die Nebenwissenschaft der Wahrnehmungseindrücke – Struktur und Funktionsweise des Wahrnehmens und Identifizierens von Reizen.

13. Die Dianetik macht die Nicht-Keim-Theorie von Krankheiten bekannt und umfasst nach Schätzung medizinischer Fachleute die Erklärung von etwa siebzig Prozent der menschlichen Krankheiten.

14. Die Dianetik bietet die Hoffnung, dass die Zerstörung der Gehirnfunktion durch Schock oder Chirurgie nicht länger ein notwendiges Übel sein wird.

15. Die Dianetik bietet eine praktisch brauchbare Erklärung der verschiedenen physiologischen Wirkungen von Drogen und Substanzen der inneren Sekretion und gibt zahlreiche Antworten auf frühere Probleme der inneren Sekretion.

16. Die Dianetik gibt eine grundlegendere Erklärung der Verwendungszwecke, Prinzipien und Grundlagen von Hypnose und ähnlichen geistigen Phänomenen.

17. Zusammenfassend kann man sagen, dass die Dianetik einen neuen Standpunkt hinsichtlich des

„Über uns sind die Sterne. Unten im Arsenal liegt eine Atombombe. Welchen Weg werden wir wählen?“

Menschen und seines Verhaltens vorschlägt und experimentell stützt. Die Dianetik bringt die Notwendigkeit einer neuen Art der Pflege geistiger Gesundheit mit sich. Sie weist auf eine neue Methode hin, die Lösung der Probleme anzugehen, denen Regierungen, Sozialbehörden, Industrie, kurz, der ganze Bereich menschlicher Bemühungen gegenüberstehen. Sie weist auf neue Forschungsgebiete hin. Und schließlich bietet sie einen Hoffnungsschimmer, dass der Mensch seinen Entwicklungsprozess zu einem höheren Organismus fortsetzen mag, ohne zu dem Punkt hin abzuirren, wo die Gefahr seiner eigenen Vernichtung besteht.

Dieses Buch beschreibt einen Teil der Suche. Ich habe es für Sie auf diese Weise geschrieben, weil Sie einen Verstand haben, mit dem Sie denken. Für rein fachliche Veröffentlichungen kann und werde ich dies so aufmachen, dass es exakt ist, und so habe ich es auch gemacht. Viele von Ihnen lesen meine Geschichten seit Jahren. Wir sind miteinander bekannt. Hier habe ich Ihnen die Geschichte so geschildert, wie sie ist, und ich habe Ihnen die bedeutenderen Ergebnisse genau so wiedergegeben, wie sie gefunden wurden.

Der böse Fluch der Erde erwies sich nicht als bedrohliche Barriere. Aber er ist dennoch ein böser Fluch: die sozialen und persönlichen Aberrationen, die aus der Zeit Ägyptens und davor im Umlauf sind, die sich immer höher auftürmen und nur durch neu auftauchende Länder und neue Bastardrassen gebrochen werden.

Der böse Fluch ist Versklavung. Die Bemühung des Menschen, den Menschen zu versklaven, sodass der Mensch frei sein kann. Das war ein Irrweg. Das ist der böse

Fluch. Wir haben ein magisches Wort, um ihn zu brechen, und eine Wissenschaft, die angewandt werden muss.

Über uns sind die Sterne. Unten im Arsenal liegt eine Atombombe.

Welchen Weg werden wir wählen?

Über L. Ron Hubbard

L. Ron Hubbard findet allgemein Anerkennung als einer der einflussreichsten Autoren des zwanzigsten Jahrhunderts. Seine Werke haben weltweit eine Auflage von mehr als 160 Millionen Exemplaren. Er gründete die Dianetik und Scientology und seine philosophischen Durchbrüche haben Menschen auf der ganzen Welt geholfen, sich selbst und andere besser zu verstehen.

„Um das Leben zu kennen", schrieb er einst, „muss man ein Teil des Lebens sein. Man muss dort hingehen und schauen, man muss sich in die Ecken und Winkel des Daseins begeben, und man muss sich unter alle möglichen Menschentypen mischen, bevor man schließlich festlegen kann, was der Mensch ist."

Während eines langen und abenteuerlichen Strebens nach Wissen tat L. Ron Hubbard genau dies.

Sein anhaltendes Interesse am menschlichen Verstand wurde entfacht, als er im Alter von zwölf Jahren unter Kommandant Joseph C. Thompson studierte – einem frühen Studenten der Psychoanalyse und dem ersten Marineoffizier der Vereinigten Staaten, der mit Freud in Wien studierte. Obwohl Ron schließlich die freudianische Theorie als sowohl unpraktisch wie auch undurchführbar ablehnte, kam er trotzdem zu einem entscheidenden Entschluss: „Es kann etwas im Hinblick auf den Verstand getan werden."

Während Ron seine Suche über den Südpazifik nach Asien weiter verfolgte, wurde er einer der wenigen Amerikaner, die zu den heiligen tibetanischen Lamaklöstern in den mandschurischen Bergen Zutritt hatten. Außerdem studierte er zusammen mit den letzten der Linie königlicher Magier vom Hofe des Kublai Khan. Doch trotz all der sagenumwobenen Weisheit des Ostens fand er Länder voller schmerzender Armut und äußerster Verzweiflung, sodass er nur schlussfolgern konnte: „Bildung, die in verschimmelnden Büchern unter Verschluss gehalten wird, ist von geringem Nutzen für jeden und deshalb von keinem Wert, außer wenn sie verwendet werden kann."

Nach seiner Rückkehr in die Vereinigten Staaten verfolgte L. Ron Hubbard an der George Washington Universität das Studium des Ingenieurwesens, der Mathematik und der Nuklearphysik; lauter Studienfächer, die ihm später während seiner philosophischen Nachforschungen gute Dienste leisten würden. Genau genommen war L. Ron Hubbard der Erste, der die westliche Empirie strikt auf das Studium des Verstandes und des Geistes anwandte, wobei er mit seiner Universitätsforschung in Gebiete hineinzugehen begann, die so vielfältig wie der menschliche Gedächtnisspeicher und die Beschaffenheit der Ästhetik waren. Doch bot die Universität über eine grundlegende Methodologie hinaus keine wirklichen Antworten; folglich keinen Maßstab für weitere Nachforschungen. Er schrieb später: „Es war sehr offensichtlich, das ich es mit einer Kultur zu tun hatte und in einer Kultur lebte, die weniger über den Verstand wusste als der niedrigste primitive Stamm, mit dem ich je in Kontakt gekommen war." Folglich fügte er hinzu: „Ich wusste, dass ich eine Menge Forschung zu erledigen haben würde."

Diese Forschung nahm die nächsten Jahrzehnte in Anspruch, und sein Laboratorium war die Welt. Ohne Zugang zu bequemen „Forschungszuschüssen" und nur unterstützt durch seine literarische Karriere, mit der er Anklang fand, studierte Hubbard nicht weniger als 21 primitive Rassen und Kulturen – von den pazifischen, nordwestlichen Indianerstämmen und philippinischen Tagalen bis hin zum puertorikanischen Bergvolk. (Folglich erinnert man sich heute auch noch auf den Listen des renommierten New York Explorer's Club an ihn.

Der Zweite Weltkrieg erwies sich sowohl als eine Unterbrechung der Forschung wie auch als ein weiterer Anstoß für die Entwicklung einer tatsächlichen Technologie für den menschlichen Verstand. Die ersten Verfahren wurden am Oak Knoll Marinehospital in Nordkalifornien getestet, wo die im Kampf erlittenen Wunden des damaligen Leutnant L. Ron Hubbard behandelt wurden. Seine Forschungsfälle waren ehemalige Gefangene japanischer Internierungslager – Männer, die die medizinische Wissenschaft fast aufgegeben hatte. Doch mit der Anwendung der fruchtbaren Dianetik Techniken erlangte jeder einzelne von denen, die Ron behandelte, kurz und bündig und in ganz bemerkenswerter Weise seine Gesundheit wieder.

Mit der Wiederherstellung des Friedens führte L. Ron Hubbard die Arbeit weiter, um die Funktionsfähigkeit der Dianetik weiter zu testen, mit Leuten aller Gesellschaftsschichten. Er testete die Verfahren an Hunderten in vollem Umfang, um die Dianetik zu einer besonders praktischen und effektiven Technologie zu entwickeln.

1947 sammelte er die Aufzeichnungen, die er aus Hunderten von Fallgeschichten erhalten und während vorangegangener Jahre des Testens zusammengetragen hatte, und bereitete eine wissenschaftliche Arbeit vor, die sowohl die zugrunde liegende Theorie als auch die Techniken ausführlich erläuterte. Es wurden Kopien des Manuskripts an medizinische und wissenschaftliche Kreise verteilt, dann eifrig erneut kopiert und an Freunde weitergegeben. Auf diese Weise kam L. Ron Hubbards ursprüngliche These zur Dianetik sofort in weit verbreiteten Umlauf. Heute wird diese These als *Die dynamischen Kräfte des Lebens* veröffentlicht. Mit einem Artikel, der eigens für *The Explorers Journal* geschrieben war, folgte dem Werk Ende 1949 „Terra Incognita: Der Verstand.“

Um der wahren Flut an Leseranfragen zu begegnen, war L. Ron Hubbard dazu gezwungen, ein abschließendes Lehrbuch über das Gebiet zu verfassen. Dementsprechend begann er Anfang 1950 an *Dianetik: Der Leitfaden für den menschlichen Verstand* zu arbeiten. Ron verfasste gleichzeitig – als breite, allgemeine Einführung in die Dianetik und als Auftakt für die Veröffentlichung – einen buchlangen Artikel für ein nationales amerikanisches Magazin. Dieser Artikel, der den Weg der Entwicklung ausführlich erläuterte und einen Überblick zur allgemeinen Anwendung gab, war *Dianetik: Die Entwicklung einer Wissenschaft*. Er erschien im April 1950 in Zeitungskiosken und wurde prompt von praktisch jedem führenden Ingenieur und Physiker gelesen. Sicherlich elektrisierte *Dianetik: Die Entwicklung einer Wissenschaft* die gesamte Welt der Wissenschaft in den Vereinigten Staaten.

Die anschließende Veröffentlichung von *Dianetik: Der Leitfaden für den menschlichen Verstand* wurde zu einem meilensteinartigen Ereignis in der Verlagsgeschichte, indem es breites öffentliches Interesse und Anerkennung gewann. Das Werk ging sofort an die Spitze der *New York Times* Bestsellerliste und blieb dort Woche für Woche. Seitdem wurde es zum meist gelesenen und verwendeten

Buch über den menschlichen Verstand der Geschichte, mit einer Auflage von nahezu 20 Millionen Exemplaren.

Heute ist Dianetik ein weltweites Phänomen, das von Millionen in mehr als 150 Nationen und über 50 Sprachen verwendet wird.

L. Ron Hubbards Werke im Fachgebiet Mensch, Verstand und Geist umfassen heute Abertausende veröffentlichte Seiten, die in sehr vielen Büchern, Manuskripten und über 3000 aufgenommenen Vorträgen aufgezeichnet sind.

Der beste Beweis für die Vision L. Ron Hubbards sind die wunderbaren Ergebnisse seiner Technologie und die Millionen Freunde auf der ganzen Welt, die sein Vermächtnis in das einundzwanzigste Jahrhundert tragen. Und beides nimmt mit jedem Tag weiter zu.

„Ich helfe anderen gern“, sagte er einmal, „und zu den größten Freuden meines Lebens zählt, zu sehen, wie sich jemand von den Schatten befreit, die seine Tage verdunkeln.

„Diese Schatten erscheinen ihm so dick und drücken ihn so sehr nieder, dass er überaus erfreut ist, wenn er herausfindet, dass sie tatsächlich Schatten sind und er durch sie hindurchsehen, durch sie hindurchgehen und wieder im Sonnenlicht stehen kann. Und ich glaube fast, ich bin genauso erfreut wie er.“

„ICH FREUE MICH STETS, VON MEINEN LESERN ZU HÖREN.“

L. RON HUBBARD

DIES WAREN DIE WORTE L. Ron Hubbards, der immer sehr interessiert daran war, von seinen Freunden und Lesern zu hören. Er nahm es besonders wichtig, mit jedermann die Kommunikation aufrechtzuerhalten, mit dem er während seiner fünfzigjährigen Karriere als professioneller Schriftsteller in Kontakt kam. Und er hatte Tausende von Fans und Freunden auf der ganzen Welt, mit denen er korrespondierte.

Die Repräsentanten des Autors, Autor Services, Inc., wünschen, diese Tradition fortzusetzen, und freuen sich über Briefe und Kommentare von Ihnen, seinen Lesern, ob seit langer Zeit oder erst seit kurzem.

Zusätzlich werden sie erfreut sein, Ihnen über alles, was Sie über L. Ron Hubbard wissen möchten, Informationen zukommen zu lassen, sein außergewöhnliches Leben und seine Leistungen und die riesige Menge an Büchern, die er geschrieben hat.

Jeder Mitteilung, die an den Author's Affairs Director (Direktor für Angelegenheiten des Schriftstellers) in Author Services, Inc. geschickt wird, wird sofortige und ungeteilte Aufmerksamkeit geschenkt.

AUTHOR SERVICES, INC.

7051 HOLLYWOOD BOULEVARD, HOLLYWOOD,
CALIFORNIA 90028, USA

authoraffairs@authorservicesinc.com

Glossar

A

aberriert: von *Aberration* betroffen: Abweichung vom vernünftigen Denken oder Verhalten; geistig nicht gesund. Vom lateinischen *aberrare,* wegwandern; lateinisch *ab,* weg, *errare,* wandern. Kapitel 2, Nr. 3

Aberrierter: eine aberrierte Person. Kapitel 4, Nr. 2

Adler: Siehe Freud, Jung, Adler in diesem Glossar.

allgemeine Semantik: eine hoch organisierte philosophische Herangehensweise an die Sprache, die von Alfred Korzybski (1879–1950) entwickelt wurde. Sie strebte danach, eine wissenschaftliche Grundlage für ein klares Verstehen des Unterschieds zwischen Wörtern und der Realität und den Arten zu bilden, in denen Wörter selbst die Fähigkeit des Menschen zu verstehen, beeinflussen können. Kapitel 9, Nr. 6

althergebrachtes Hinduprinzip: bezieht sich auf die Regressions- und Revivifikationstechniken, die seit Tausenden von Jahren in Asien verwendet werden. Im Gegensatz zu neueren westlichen Lehren, die eine Regression nur bei Personen in Trance oder unter Hypnose für möglich hielten, erkannte man in Asien, dass diese Fähigkeit der völlig wachen Person innewohnt. Kapitel 8, Nr. 6

Amnesie-Trance: eine tiefe Trance einer Person in einem Schlaf, die sie für Befehle empfänglich macht. Kapitel 3, Nr. 3

Analogie: etwas, das mit etwas anderem analog ist. Eine Analogie ist eine Ähnlichkeit zwischen ähnlichen

Merkmalen von zwei Dingen, auf denen ein Vergleich gegründet werden kann. Kapitel 7, Nr. 2

Apparat mit Vakuumröhren: bezieht sich auf Computer, wie sie in den späten 40er Jahren existierten. Die Vakuumröhre war eine Vorrichtung, die in der Elektronik allgemein verwendet wurde, um elektrische Stromflüsse zu kontrollieren. Sie wird Vakuumröhre genannt, weil es sich um eine verschlossene Glasröhre oder -birne handelt, aus der fast die ganze Luft entfernt worden war, um den elektrischen Fluss zu verbessern. Kapitel 7, Nr. 5

Äther: eine farblose Flüssigkeit, die einen aromatischen Geruch und einen süßen, brennenden Geschmack besitzt; sie wurde früher als Anästhetikum zum Inhalieren verwendet. Kapitel 9, Nr. 1

automatisches Schreiben: Schreiben, das von einer Person ohne bewusste Absicht und Bewusstsein durchgeführt wird und das angeregt wurde, um Kontakt mit dem Unterbewusstsein aufzunehmen und zensierte oder versteckte Daten aufzudecken. Kapitel 8, Nr. 1

Axiom: eine selbstverständliche Wahrheit, die keines Beweises bedarf. Kapitel 2, Nr. 2

B

Bank: eine Speicherung von Informationen, wie in einem Computer, wo Daten früher auf einer Gruppe bzw. Reihe von Karten, genannt „Bank“ gespeichert wurden. Kapitel 1, Nr. 1

Banner mit dem Halbmond: bezieht sich auf die Flagge und den Halbmond der moslemischen Armeen, die während des Mittelalters einen Großteil Europas eroberten. Kapitel 3, Nr. 8

Bedlam: eine alte Anstalt für Geisteskranke in London (der vollständige Name lautet St. Mary of Bethlehem), die für ihre unmenschliche Behandlung der Insassen berüchtigt war. Kapitel 3, Nr. 6

C

Cap-Haïtien: ein Seehafen an der Nordküste Haïtis. Kapitel 6

D

Dianetik: Dianetik bedeutet „durch den Verstand" oder „durch die Seele" (aus dem griechischen dia „durch" und nous, „Verstand" oder „Seele"). Es handelt sich um ein System geordneter Axiome, das Probleme löst, die das menschliche Verhalten und psychosomatische Krankheiten betreffen. Sie vereinigt in sich eine funktionierende Technik und eine gründlich validierte Methode zur Steigerung der Vernunft, indem unerwünschte Empfindungen und unangenehme Emotionen ausgelöscht werden.

dynamisch: aktiv, energisch, effektiv, kräftig, motivierend, im Gegensatz zu einem Statik. Kapitel 2, Nr. 10

Dynamo: eine Maschine, die Elektrizität erzeugt. Kapitel 2, Nr. 9

E

eingekeyt: (engl. „Key" bedeutet „Schlüssel") wörtlich ist ein Schlüssel ein kleiner Handgegenstand zum Öffnen, Schließen oder Umschalten von elektronischen Kontakten. „Eingekeyt" wird hier verwendet, um ein ruhendes Engramm zu bezeichnen, das in Gang kam und jetzt in den Schaltkreisen aktiv ist. Kapitel 9, Nr. 7

Ektoplasma: im Spiritismus die gasförmige leuchtende Substanz, die vom Medium während einer Trance ausgehen soll. Kapitel 4, Nr. 3

Enzephalograph: ein Instrument, mit dessen Hilfe die elektrische Aktivität des Gehirns gemessen und aufgezeichnet wird. Kapitel 7, Nr. 4

Exorzist: jemand, der böse Geister (aus einer Person oder aus einem Ort) in Form einer religiösen oder feierlichen Zeremonie austreibt. Kapitel 3, Nr. 1

F

Freud, Jung, Adler: die Psychologen Sigmund Freud (1856–1939), Carl Gustav Jung (1875–1961) und Alfred Adler (1870–1937). Freud begründete die Psychoanalyse; während Jung und Adler zunächst mit ihm zusammenarbeiteten, lösten sich beide von ihm und gründeten ihre unabhängigen Denkrichtungen, weil sie mit Freuds Betonung auf Sex als die treibende Kraft nicht übereinstimmten. Jung hatte die Theorie, dass alle Menschen ein gemeinsames Unbewusstsein erben, welches universale Symbole und Erinnerungen aus der Vergangenheit ihrer Vorfahren enthält, während Adler dachte, dass Menschen vor allem davon motiviert wären, innewohnende Minderwertigkeitsgefühle zu überwinden. Kapitel 5, Nr. 2

G

Goldberg, Rube: (1883–1970) amerikanischer Karikaturist, der für seine Darstellungen von lächerlich komplizierten mechanischen Apparaten zur Bewältigung von absurd einfachen Aufgaben bekannt ist. Kapitel 6, Nr. 2

Goldi: ein Volk, traditionell Jäger und Fischer, das im Südosten Sibiriens und im Nordosten der Mandschurei lebt. Kapitel 2

H

Hellsehen: Schärfe geistiger Wahrnehmung, Klarer Einblick; Einblick in Dinge, die jenseits der Erscheinungsform gewöhnlicher Wahrnehmung liegen. Kapitel 8, Nr. 2

heuristisch: unter Verwendung von Versuchen, Auswertung oder Trial-and-error-Methoden. Kapitel 2, Nr. 1

Hypnoanalyse: eine Methode der Psychoanalyse, bei der ein Patient hypnotisiert wird, in dem Versuch, analytische Daten und frühe emotionale Reaktionen zu erreichen. Kapitel 3, Nr. 4

I

„Ich“: (in der Philosophie und anderen Gebieten) die Quelle des Denkens; die Person selbst im Unterschied zum Körper, die sich bewusst ist, selbst zu sein; die Seele. Kapitel 7, Nr. 8

indischer Seiltrick: ein magischer Trick, bei dem der Zauberer ein Seil in der Luft hängen lässt, auf dem eine Person dann hochklettert und scheinbar verschwindet. Kapitel 2, Nr. 12

IQ: Intelligenzquotient, eine Zahl, die mit Hilfe von Intelligenztests ermittelt wird und die Intelligenz einer Person anzeigen soll. Kapitel 10, Nr. 4

J

Jung: Siehe Freud, Jung, Adler in diesem Glossar.

K

Kant: Immanuel Kant (1724–1804), deutscher Philosoph, der behauptete, dass Gegenstände der Erfahrung (Phänomene) wissbar sind, aber dass Dinge, die über den Bereich der möglichen Erfahrung hinausreichen, unwissbar sind. Kants Werke werden oft als schwer verständlich angesehen. Kapitel 5, Nr. 1

Kathedrale zu Reims: eine bekannte gotische Kathedrale und das Hauptwahrzeichen der Stadt Reims im Nordosten von Frankreich. Kapitel 2

Kayan-Schamanen: ein Volk, das auf der Insel Borneo heimisch ist. Es ist hauptsächlich am Fluss Kayan ansässig, betet viele Götter an und praktiziert Schamanismus. Kapitel 3, Nr. 9

Khan, Kublai: Kublai Khan (1216–1294), der Enkelsohn von Dschingis Khan, dem Gründer der mongolischen Dynastie. Kublai Khan hat die Eroberung von China, die von seinem Großvater begonnen wurde, abgeschlossen. Kapitel 2

Knopfdruck: Reizreaktion. Von der Handlung, einen Knopf zu drücken, der auf mechanische und vorhersagbare Weise einen elektrischen Schaltkreis öffnet oder schließt, wie z.B. eine Türklingel. Kapitel 9, Nr. 2

Koeffizienten der Ausdehnung: in der Physik, eine Veränderung des Volumens, des Bereichs oder der Länge eines Materials, die von einer Temperaturveränderung begleitet wird. Zum Beispiel dehnt sich bei einem traditionellen Thermometer das Volumen des flüssigen Quecksilbers aus, bzw. zieht sich zusammen, während es durch die Temperatur erhitzt oder abgekühlt wird. Das Ausmaß der Quecksilberausdehnung oder -zusammenziehung bestimmt, wie hoch oder niedrig das Thermometer anzeigt. Kapitel 7, Nr. 3

L

Lachgas: ein süßlich riechendes und schmeckendes Gas, das in der Zahnmedizin und Chirurgie verwendet wird, um Patienten bewusstlos zu machen. Kapitel 5, Nr. 4

Ladung: Überflutung, zum Beispiel mit Emotion, so wie Hoffnungslosigkeit. Kapitel 11, Nr. 3

Lock: eine Situation geistiger Qual. Seine Kraft hängt vom Engramm ab, an dem es hängt. Das Lock ist dem Analysator irgendwie bekannt. Es ist ein Moment starker Restimulation eines Engramms. Kapitel 9, Nr. 5

Lukrez: (ca. 98–55 v.Chr.) römischer Dichter, der das unvollendete, unterweisende Gedicht in sechs Bänden, *Die Natur der Dinge,* verfasste. Es gibt in Umrissen eine vollständige Wissenschaft über das Universum bekannt. Kapitel 2 Nr. 14

M

mandschurische Berge: eine Bergkette in China, die sich nordwestlich der chinesischen Hauptstadt Peking befindet. Die Bergkette ist wegen ihrer vielen Tempel bekannt und seit langer Zeit eine religiöse Stätte. Kapitel 6

Maxwell, Clerk: James Clerk Maxwell (1831–1879), schottischer Physiker, der, um gewisse Phänomene des physikalischen Universums zu erklären, ein hypothetisches Geschöpf (einen Dämon) erfand, von dem er sagte, dass es die Bewegung von einzelnen Gasmolekülen kontrolliert und verursacht, dass sie, wie er beobachtet habe, auf bestimmte *Weise* reagierten. Kapitel 2, Nr. 8

N

Narkosynthese: Drogenhypnose, wobei ein Patient der Psychotherapie unterzogen wird, während er sich unter Drogen und im „Tiefschlaf" befindet. Kapitel 2, Nr. 7

Neuron: eine Zelle, die Nervenimpulse weiterleitet und die grundlegende, funktionelle Einheit des Nervensystems ist; auch Nervenzelle genannt. Kapitel 7, Nr. 1

Notwendigkeitsfaktor: der Grad, in dem ein Individuum die Notwendigkeit verspürt, eine bestimmte Handlungsweise zu unternehmen. Kapitel 9, Nr. 8

P

Pawlow: Iwan Petrowitsch Pawlow (1849–1936), russischer Physiologe, der für seine Experimente mit Hunden bekannt ist. Pawlow ließ eine Glocke ertönen, während er einem Hund Futter anbot. Nachdem diese Prozedur mehrere Male wiederholt wurde, wies der Hund (in Erwartung) Speichelfluss beim Anschlagen einer Glocke auf, ob nun Futter angeboten wurde oder nicht. Pawlow schloss daraus, dass alle angenommenen Gewohnheiten, sogar die höheren geistigen Tätigkeiten des Menschen von konditionierten Reflexen abhingen. Kapitel 5, Nr. 3

Polarität: die Qualität oder der Zustand in einem physikalischen Körper oder System, die entgegengesetzte oder gegensätzliche Eigenschaften manifestieren, wie bei einem Magnet, wo das eine Ende positiv und das andere negativ ist. Umgekehrte Polarität bezieht sich auf einen Zustand, wo zwei Gegenstände, Zustände usw. entgegengesetzte Kräfte aufweisen. Kapitel 10, Nr. 2

posthypnotische Suggestion: eine Suggestion, die während Hypnose gemacht wurde, mit dem Ziel, dass sie nach dem Erwachen effektiv ist. Kapitel 3 Nr. 2

Postulat: eine Aussage, die keines Beweises bedarf, selbstverständlich ist oder die für einen bestimmten Zweck als wahr angenommen wird. Kapitel 3

postulieren: als wahr, real oder notwendig voraussetzend, vor allem als Grundlage für Schlussfolgerungen. Kapitel 2, Nr. 6

präfrontale Lobotomie: eine psychiatrische Operation, die durchgeführt wird, indem Löcher in den Schädel gebohrt werden, in das Gehirn eingedrungen wird und die verbindenden Nervenfasern in den beiden vorderen Gehirnlappen durchtrennt werden. Dies führt dazu, dass der Patient emotional gesehen nur noch vor sich hin vegetiert. Kapitel 3, Nr. 7

Psychosomatiken: körperliche Empfindungen, Schmerzen oder Unbehagen, die vom Verstand herrühren. Das Wort kommt von *psycho* (Verstand) und *somatisch* (den Körper betreffend). Kapitel 10, Nr. 3

R

Regression: eine Technik, wobei ein Teil des Selbst der Person in der Gegenwart blieb und ein Teil zur Vergangenheit zurückkehrte. Kapitel 8, Nr. 4

Restimulation: ein Zustand, bei dem man sich dem Inhalt der reaktiven Bank annähert oder ein Teil davon in der Gegenwart des Organismus wahrgenommen wird. Kapitel 9, Nr. 4

Restimulator: das Äquivalent zur Umgebung, das dem wahrnehmbaren Inhalt des Engramms entspricht. Kapitel 10

Reverie: ein Zustand leichter „Konzentration" – dies darf nicht mit Hypnose verwechselt werden; in der Reverie ist sich die Person vollkommen bewusst darüber, was in der Gegenwart vor sich geht. Kapitel 11, Nr. 2

Revivifikation: das Wiedererleben eines Geschehnisses oder eines Teils davon, als ob es jetzt gerade geschehen würde. Kapitel 8, Nr. 5

S

Salinas Valley: ein fruchtbares Tal im Westen Kaliforniens, südlich von San Francisco, USA, durch das der Fluss Salinas fließt. Kapitel 2

Schamane: ein Priester oder eine Priesterin, von dem bzw. der es heißt, dass er/sie als Vermittler zwischen natürlichen und übernatürlichen Welten fungiert und Magie verwendet, um Gebrechen zu heilen, die Zukunft vorherzusagen und geistige Kräfte zu kontaktieren und zu kontrollieren. Kapitel 2, Nr. 4

Schizophrener: eine Person mit zwei (oder mehr) scheinbaren Persönlichkeiten. *Schizophrenie* bedeutet „Schere" oder „Zwei" plus „Kopf". Wörtlich: *Spalten des Verstands,* daher: *gespaltene Persönlichkeit.* Kapitel 4, Nr. 1

Scientology: Dianetik war der Vorläufer der Scientology. Bei der Verwendung der Dianetik wurde offensichtlich, dass sie sich nicht mit Zellen und zellularer Erinnerung, sondern mit der menschlichen Seele befasste, die der Zeit trotzte. Scientology richtet sich an die Welt des Denkens, des Lebens selbst. Ihr Ziel ist geistige Freiheit und Fähigkeit. Der Ausdruck ist dem lateinischen Wort *scio* (wissen im vollsten Sinne des Wortes) und dem griechischen Wort *logos* (Studium von) entnommen. In sich selbst bedeutet das Wort buchstäblich wissen, wie man weiß. Scientology wird weiterhin definiert als das Studium und die Handhabung der Seele in Beziehung zu sich selbst, zu Universen und anderem Leben.

Shannon: Dr. Claude E. Shannon (1916–), US-amerikanischer Mathematiker, dessen Werk die Entwicklung der Computer und Kommunikationstechnologie nachhaltig beeinflusste. Kapitel 7, Nr. 6

Sicherung: (im übertragenen Sinne) eine Vorrichtung, die installiert wird, um gegen Schock, Überladung usw. zu schützen. Aus dem Gebiet der Elektrizität, wobei ein Streifen leicht schmelzenden Metalls in einen Schaltkreis eingebaut wird, der schmilzt (oder „durchbrennt") und somit den Stromfluss unterbricht, um Schaden vorzubeugen, wenn der elektrische Strom eine bestimmte Sicherheitsstufe überschreitet. Kapitel 9, Nr. 3

Sichtwahrnehmung: der Sehsinn. Kapitel 1, Nr. 2

Somatiken: Schmerz, Unbehagen körperlicher Natur, unerwünschte Emotionen oder Gefühle, die von einem Engramm stammen. Kapitel 10, Nr. 5

Spencer: Spencer, Herbert (1820–1903) englischer Philosoph, der für seine Anwendung der wissenschaftlichen Lehrsätze der Evolution auf die Philosophie und Ethik bekannt war. Kapitel 2, Nr. 13

Symbionten: Organismen, Personen, Gruppen usw., die in einer Beziehung wechselseitiger Abhängigkeit und gegenseitigen Nutzens leben. Das Atom hängt vom Universum ab, das Universum vom Atom. Kapitel 10, Nr. 1

T

Tarawa: eine Insel im Zentrum des Pazifiks, die den Japanern von US-Marineinfanteristen 1943 nach sehr schweren Kämpfen und Verlusten auf beiden Seiten entrissen wurde. Kapitel 6, Nr. 1

Tastempfindung: der Berührungssinn. Kapitel 1, Nr. 3

Toh: in primitiven Kulturen Vertreter der geistigen Welt. Toh werden als bösartige Geister betrachtet und als verantwortlich für Katastrophen, wie Missernten, Krankheit und Tod. Kapitel 3, Nr. 10

U

unbewegter Beweger: gemäß der Philosophie von Aristoteles (384–322 v.Chr.), die erste Ursache aller Bewegung im Universum, die selbst unbeweglich ist. Es hieß, dass der unbewegte Beweger ewig, nicht materiell und unveränderlich sei, und Aristoteles betrachtete den unbewegten Beweger als göttlichen Gedanken, Verstand oder Gott. Kapitel 2, Nr. 11

UNIVAC: Abkürzung für Universal Automatic Computer, der erste elektronische Computer, der dafür entworfen wurde, um kommerzielle Probleme zu lösen. Kapitel 6, Nr. 3

V

Valenz: wörtlich bedeutet der Ausdruck, die Fähigkeit, sich mit Teilen eines anderen zu verbinden bzw. Teile eines anderen anzunehmen. In der Dianetik ist *Valenz* eine echte Persönlichkeit oder eine Schattenpersönlichkeit. Die eigene Valenz ist jemandes echte Persönlichkeit. Eine Schattenpersönlichkeit bedeutet die Annahme der körperlichen und/oder emotionalen Merkmale oder Charakterzüge eines anderen. Multivalenz würde *viele Persönlichkeiten* bedeuten. Kapitel 11, Nr. 4

vox populi: allgemeine Gesinnung oder die allgemein ausgedrückte Meinung. *Vox populi* ist ein lateinischer Ausdruck, der wortwörtlich „die Stimme des Volkes" bedeutet. Kapitel 11, Nr. 1

W

Wahrnehmungseindruck: ein wahrgenommener und aufgezeichneter Sinneseindruck, wie z.B. organische Empfindung, Geruch, Geschmack, Berührung, Gehör, Sehen usw. Kapitel 8

Wasserkur: eine psychiatrische Behandlung, die dazu gedacht ist, Dämonen aus einer Person zu entfernen. Dabei wird der Patient flach auf den Boden gelegt und dann lässt man Wasser aus einer gewissen Höhe in seinen Mund fließen. Kapitel 3, Nr. 5

Z

10^{21} Bits: (engl. *Bi*nary digi*ts*, binäre Ziffern). *Binär* kommt vom lateinischen Wort, das *zwei auf einmal* bedeutet. *Binary digits* beziehen sich auf ein Zahlensystem, das bei Computern verwendet wird und bei dem nur zwei Zahlen (Ziffern) benutzt werden, 0 und 1. Der Ausdruck 10^{21} Bits bezieht sich auf eine große Menge an Nullen und Einsen (1.000.000.000.000.000.000.000 von diesen), die, eine nach der anderen, aneinander gereiht werden und eine riesige Zahl bilden. Kapitel 2, Nr. 5

Zensur: (in der frühen Freudschen Traum-Therapie) die Kraft, die Ideen, Impulse und Gefühle verdrängte und verhinderte, dass sie in ihren ursprünglichen unmaskierten Formen ins Bewusstsein kamen. Kapitel 8, Nr. 3

Stichwortverzeichnis

Wohin Sie sich für weitere Informationen wenden können

Lernen Sie, wie Sie Dianetik verwenden können, und erreichen Sie den Zustand Clear

Ein Clear hat keinen bösartigen reaktiven Verstand und arbeitet mit vollständiger geistiger Kapazität. SIE können den Zustand Clear erreichen, genau wie viele tausend Menschen vor Ihnen.

Beginnen Sie Ihren Weg zu Clear auf dem Hubbard Dianetik Seminar. Lernen Sie, die bewährten Techniken der Dianetik sicher und bestimmt anzuwenden. Arbeiten Sie, unter professioneller Aufsicht, mit anderen Studenten und geben und erhalten Sie Auditing. Erfahren Sie die Dianetik an sich selbst.

Es gibt Tausende von Dianetik-Gruppen und -Organisationen auf der ganzen Welt. Um Hubbard Dianetik Stiftungen auf der Welt zu finden, besuchen Sie die Website unter **www.dianetics.de** und verwenden Sie den Global Locator.

Als Herausgeber sind wir nicht für die in diesem Buch beschriebene Methode verantwortlich. Lesern, die Informationen darüber wünschen, werden wir helfen, indem wir sie an die nächstgelegene Hubbard Dianetik Stiftung verweisen, die ihnen die verlangten Informationen zusenden kann.

NEW ERA Publications
Deutschland GmbH
Hittfelder Kirchweg 5A
21220 Seevetal-Maschen
Deutschland
04105/68330
neweragermany@t-online.de

NEW ERA Publications
International ApS
Store Kongensgade 53
1264 Kopenhagen K
Dänemark
(45) 33 73 66 66
books@newerapublications.com

DEUTSCHLAND

BERLIN

Hubbard Dianetik-Stiftung
Sponholzstraße 51–52
12159 Berlin
Deutschland

DÜSSELDORF

Hubbard Dianetik-Stiftung
Friedrichstraße 28B
40217 Düsseldorf
Deutschland

Celebrity Centre Düsseldorf
Rheinland e.V.
Luisenstraße 23
40215 Düsseldorf
Deutschland

FRANKFURT

Hubbard Dianetik-Stiftung
Kaiserstraße 49
60329 Frankfurt
Deutschland

HAMBURG

Hubbard Dianetik-Stiftung
Domstraße 9
20095 Hamburg
Deutschland

Hubbard Dianetik-Stiftung
Auf dem Königslande 92
22047 Hamburg
Deutschland

HANNOVER

Hubbard Dianetik-Stiftung
Odeonstraße 17
30159 Hannover
Deutschland

MÜNCHEN

Hubbard Dianetik-Stiftung
Beichstraße 12
80802 München
Deutschland

STUTTGART

Hubbard Dianetik-Stiftung
Hohenheimerstraße 9
70184 Stuttgart
Deutschland

ÖSTERREICH

WIEN

Hubbard Dianetik-Stiftung
Capistrangasse 4
1060 Wien
Österreich

Celebrity Centre Wien
Senefeldergasse 11/5
1100 Wien
Österreich

SCHWEIZ

BASEL

Hubbard Dianetik-Stiftung
Herrengrabenweg 56
4054 Basel
Schweiz

BERN

Hubbard Dianetik-Stiftung
Muhlemattstrasse 31
Postfach 384
3000 Bern 14
Schweiz

GENF

Hubbard Dianetik-Stiftung
12, rue des Acacias
1227 Carouge
Genf, Schweiz

LAUSANNE

Hubbard Dianetik-Stiftung
10, rue de la Madeleine
1003 Lausanne, Schweiz

ZÜRICH

Hubbard Dianetik-Stiftung
Freilagerstrasse 11
8047 Zürich, Schweiz

Um Bücher oder Kassetten von L. Ron Hubbard zu erlangen, kontaktieren Sie eine der folgenden Verlagsstellen:

NEW ERA PUBLICATIONS DEUTSCHLAND GMBH
Hittfelder Kirchweg 5A
21220 Seevetal-Maschen
Deutschland

NEW ERA PUBLICATIONS ITALIA S.R.L.
Via Cadorna, 61
20090 Vimodrone (MI),
Italien

NEW ERA PUBLICATIONS UK LTD
Saint Hill Manor
East Grinstead, West Sussex
England RH19 4JY

NEW ERA PUBLICATIONS REP. PARA IBERIA
Apartado postal 909
28080 Madrid
Spanien

NEW ERA PUBLICATIONS GROUP
Pr. Mira, VVC Building 265
129223 Moscow
Russia

NEW ERA PUBLICATIONS CENTRAL EUROPEAN OFFICE
1438 Budapest
Pf. 351, Ungarn